當王子愛上女巫

蘇友貞 著

輯一

女巫的蘋果

當王子愛上女巫

童話式的愛情，永恆地在文學的想像裡釀造著繁複的變奏。「公主與王子從此過著快樂幸福的日子」，雖與真實有著遙遠的距離，仍是人們最原始的夢想，偶在想像的領域中求得虛擬的滿足。

不可諱言的是，上世紀八十年代初期英國王儲查爾斯王子與黛安娜王妃的婚禮，卻的確是童話愛情故事所能有的、最輝煌的人間版本了。婚禮中的一景一幕，至今仍在人們的記憶、與高科技複製的光碟片上不斷地重複上演：美麗的公主，英挺的王子，迤邐的婚紗，富麗古老的教堂，金色的馬車，快樂地揮著手的金童玉女……。如果生命可以停格，愛情的童話故事就在現實裡有了真確的典範，如果人生能像童話一樣沒有續集，我們就能讓它長留於人間。

但是，肉身的公主與王子所要面對的，並不僅是仰慕的民眾與閃爍的鎂光燈，嘉年華會的歡慶後，他們仍要面對華服褪去的彼此。因此，金燦婚禮才剛落幕，皇家婚事的齷齪細節，就瑣碎傳出，從地下小道的閒言閒語，暴發成八卦媒體的頭條新聞。查爾斯與黛安娜的續集，以反童話式的劇情進行，不但發展成了一齣荒謬劇，最後竟以悲劇做結：巴黎陰暗地下道一輛撞毀的轎車裡，躺著奄奄一息的公主，身旁是她現任的情人，而婚禮中那英挺王子，早已消蹤匿跡。

十六年前上演的那則愛情童話，徹底被打破，碎片濺散在地下道污濁的油漬裡。

黛安娜去世已近十年，世人對她的迷戀依然不減，墓地上終年有心碎之人帶來的鮮花，悼亡者所悼念的，不只是紅顏的命薄，也是那則愛情童話不堪的結局。但是，人們依然嚮往愛情神話的清純情節，更想重拾碎片，以神話的原型將之補綴。在補綴成的故事裡，永恆的公主黛安娜，必要保有她的天真，所以只能是一個無辜的受害者，她是不知情地吃了女巫毒蘋果的白雪公主，在七個小人的呵護下，仍然等待王子的再現。

只是黛妃故事中的王子，不但不再會有出現的可能，且在公主睡去不久，就和故事裡的「女巫」公開地同進同出。對於執迷童話情節的人而言，黛妃故事裡的女巫，比所有童話中的巫婆都可恨，她不僅害死了公主，還侵占了王子。而對於王子竟會愛上女巫這前所未有的情節，人們除了憤怒之外，更是不解。他們完全不能明白，查爾斯王子為何會拋棄年輕貌美的黛安娜，而投入又老又醜的卡蜜拉的懷抱。對愛情的想像只有俊男美女那海報式的一度空間的人而言，卡蜜拉的魅力，除了巫術，還能是什麼？而查爾斯對卡蜜拉的愛情，除了愚蠢，也不可能有別的解釋了。

黛安娜在生前也盡情地澆灌著這樣的情緒。她將自己與查爾斯婚姻的瓦解，完全歸咎於卡蜜拉的介入，甚至說出了那至今仍不斷被引用的名句：「三個人在一起的婚姻太過擁擠」。她也不避諱對卡蜜拉公開抹黑，說她是一隻兇暴的「獵犬」。於是，在黛安娜的言說裡，是非似乎十分明朗，誰是受害者，誰是破壞者，誰是負心者，都被清楚地派定。卡蜜拉成了人民的公敵，應像古時候的女巫一樣，被燒死在木樁之上。

然而，在執迷童話故事的人口之外，我們也能遇到醉心於發掘童話反諷特質的人們，他們對於表象與真實間的張力格外敏感。本著表象不可被信任的基本態度，他們對於查爾斯與黛安娜形象上的完美，有著本能的懷疑。在企圖顛覆童話故事的解讀裡，卡蜜拉於是有了不少的同情者。可以了解的是，這些成員中不乏中年以上的女子。比如有名的女記者芭芭拉華特（Barbara Waters），就在二〇〇五年年底將卡蜜拉選為年度十大最有魅力之人。在男子一窩蜂地為年輕貌美的女子而離棄老妻的浪潮裡，查爾斯的反其道而行，在這群人口中得到了格外的賞識與加分。依據相貌與年齡的二分法，這樁三角愛情，被解析出了兩組對愛情的隱喻，卡蜜拉因為無貌，故代表靈魂之愛，黛安娜因為貌美，代表肉體之愛。霎時，這則童話有了道德的負載，擁護卡蜜拉者，將這則童話轉化成為一個靈魂永遠戰勝肉體、內在永遠優於外在的道德故事。

在個人歷史上，查爾斯與卡蜜拉的相識與相愛，又確實是在黛安娜之先。當時因為卡蜜拉乃平民出身，不為皇室接受，而年輕的查爾斯又不願效法溫莎公爵，為愛情放棄江山，兩人於是未能結成連理，卻長年維持著親密的關係，據說黛安娜成為王妃，還是卡蜜拉為查爾斯所做的圈選。所以同情卡蜜拉的人士，認為黛安娜才是第三者，介入了查爾斯與卡蜜拉這兩位靈魂的伴侶之間。在以查爾斯為主角的神話解讀裡，這三角形被翻轉成一個「追尋」的原型，像圓桌武士對聖杯的追索，傑孫（Jason）對金羊毛的尋求，或是奧德賽在特洛依戰爭後的飄流與回家，查爾斯是企圖從迷失中找回道路的英雄，他暫時被皇位與黛安娜迷惑，而看不清自己愛情的原鄉。迷途一圈後，他終於看清真愛所在，而能離開誘人的黛安娜，重返卡蜜拉，也就是重返真正的自我。在王子「找尋自我」的神話原型中，美麗的黛安娜反而成了真正的女巫，像《奧德賽》裡的唱著迷人之歌的海妖，迷惑著王子，不讓他走上回家的路。

其實，黛安娜的悲劇，就在於她太執著於童話的字面意思，堅持要照劇本演好那個公主的角色。在這執著裡，她失去了對愛情在童話向度之外的想像，而永陷於形象的一度空間裡。據說，黛安娜自十六歲起就迷戀查爾斯王子，把他的照片掛在自己房間的牆上，偶像般地崇拜，也可能日日幻想能與影像中的王子重疊。她對查爾斯的感情，也因此跳脫不出名流崇拜的淺薄，因為粉絲對偶像的情感，通常終止於兩個形象的重疊，卻無法由平面轉為立體。在這偏限裡，黛安娜對自己生命的憧憬，也就止於「公主與王子從此過著快樂幸福的日子」。她的用心全在如何贏得王子這件事上，因為童話故事寫的都是這個過程，卻從不描寫贏得王子之後如何一起生活。當她發現婚姻出現問題時，她所能想出的解決之道，也只能由形象的一度空間出發，她尋求世界最出名的設計師為她設計最新穎的時裝，她擔心自己的體態，不惜節食而患上厭食症，她找尋各種「新世紀」的滌清身體的方法，使自己永遠是那清純的公主。她卻完全看不到她與查爾斯在心靈上沒有交集，也沒有想到要在兩人不同的興趣與人生態度上求取協調，所以當她意識到婚姻已無法挽回時，她也只能將之歸罪於卡蜜拉那個女巫的介入。

以形象為懸念的黛安娜，對於媒體當然有著過人的運作天份，並不是刻意的操縱，但她本能地知道如何在攝影機前舉手投足，如何用一雙海藍且充滿易傷神情的大眼睛，贏得立即的同情。而她的悲劇也就在於這完全不是刻意的操縱，而是她自己先迷信了她在媒體中的形象。反諷的是，最終毀了她的，也正是她所迷戀也迷戀於她的媒體，那些對她愛戀到不能一刻放鬆的狗仔隊，最終把她追向死亡。

卡蜜拉完全與黛安娜相反，她對形象置之不理，不但對時尚毫不注意，更只愛穿著自己覺得舒適的衣服，她在鄉野中騎馬打獵，做自己愛做的事，任由媒體對她的衣著品味，做不止息的揶揄。但也就是因為卡蜜拉所顧全的是自身的自在，而不是他人的影射，她反而有著黛安娜一生都追求不到的自信，那份自信可能就是卡蜜拉的魅力所在，她的安然，給了一生都活在皇室虛偽繁文縟節中的查爾斯一種返璞歸真的穩定之感。對於查爾斯而言，她是一個可以在火爐邊說家常話的至友，也是一個可以放任地在草地上打滾、而不在意自己衣衫不整的玩伴。卡蜜拉的那份安逸，是時時為自己身體不完美而焦慮的黛安娜永遠不可能擁有的。卡蜜拉最終贏得王子，所依恃的就是那份超然，這也的確是童話中女巫的性格，女巫從不太顧全別人的意見與看法，所以在神話的文化詮釋裡，女巫常是智慧與知識的象徵。

至於那個擔負著雙重「欠負」罪名的查爾斯，他的悲劇來自生為皇室卻想過庶民生活的性格，他曾努力嘗試演好王子的角色，因而違棄自己所愛，選擇眾人深愛且有公主形象的黛安娜。直到不快樂的婚姻使他了悟，他太低估愛情的重要性了。但他到底要比黛安娜幸運，能有最終贖罪的機會，難得的是，他尚留有接受自己的勇氣，在黛安娜死後，獨排眾議，堅持與卡蜜拉結成夫婦，以予自己及他們之間的愛情第二次機會。

如今，查爾斯與卡蜜拉終於結婚了，令人擔憂的仍是那童話的結局，誰能確定他們是否能從此過著快樂的日子？愛情常在阻撓與逆境中成長壯大，卻在安穩與確定中萎縮死亡。婚姻和女巫的蘋果一樣地危險，它們看來都是如此誘人，一口咬下，竟都是那樣地致命。

人人都要那隻蘋果

說起來，引起特洛伊戰爭的罪魁禍首，應該算到最懂攪局的艾瑞斯（Eris）頭上。在男人互相殘殺之前，她先挑撥出了一場女人之間的爭戰。而艾瑞斯之所以最懂得攪局，就因為她對女人的弱點瞭若指掌。這位別號叫做「紛爭」的女神，是戰神的妹妹，一向清楚地知道要在人類非理性的領域裡，挑動那一根神經，才可以引起最強的共震。要引發女人間的互鬥，最有效的，就是論斷她們的容貌。只要扯上了容貌，女人會百分之百地表現出激烈的奮不顧身。這與智慧、學識、社會地位或是財富都無關。女人即使坐擁天下最大的權勢，取得天下最深的智慧，一旦提起自己的容貌，都將不約而同地退回到最原始與最本能的焦慮之中。

話說那年眾神共赴斐利爾斯（Peleus）與賽蒂絲（Thetis）的婚宴，所有男神女神都得了請帖，唯獨就是艾瑞斯沒有。一氣之下，她決定使出製造紛爭的看家本領，前去大鬧一番。在眾神酒酣耳熱之際，她突然對著杯盤狼藉的餐桌，丟出了一隻金蘋果。

如她所料，會場頓時大亂，在場的所有女神立即不顧一切地撲向了那隻蘋果，也顧不了自己身上穿的漂亮晚禮服，或是宴會上該有的矜持禮儀，更不用說是在搶奪中打傷其他的女伴了。這倒不只是因為女人對蘋果有著某種天生的偏好（你看夏娃不就為了蘋果引出了世人的罪惡），而是因為艾瑞斯丟下的這隻金蘋果不是普通的蘋果，這隻引起風波的金蘋果，上面寫著這樣的字句：「給世上最美的女人」。

艾瑞斯完全得到了自己想要的效果。放眼會場，拖拉著晚禮服、打散著頭髮拼命搶蘋果的，竟然也包括了最有權勢的赫拉（Hera），最有智慧的雅典娜（Athena），以及最懂得愛情的艾芙黛蒂（Aphrodite）。然而這些超凡的女神，在愛美的虛容面前，卻完全喪失權力與智慧所能給予的支柱，竟無異於其他大小女神，都拼命地要做世上最美的女人。

下面的故事是大家都知道的了。膽小的宙斯怕觸怒任何一位女神，於是選派年輕英俊的派瑞斯（Paris）做為選美的裁判，在赫拉、雅典娜、艾芙黛蒂三位女神中選出最美者。而在三位急切的女神所給的賄賂——赫拉應允使他成為最有權力的人，雅典娜應允使他成為最有智慧之人，而艾芙黛蒂則應允給他世上最美的女子——中，派瑞斯毫不遲疑地選擇了艾芙黛蒂，而與特洛伊的有夫之婦海倫私奔，引起了希臘與特洛伊之間長達十年的戰爭。

看來，在美女的前提下，男子也不見得強過女子，女子拼命要做那世上最美的女人，而男子一提起天下最美的女人就可以不要智慧也不要權勢。其實派瑞斯要是能夠維持冷靜，稍稍用他尚可的智商，也可以算計出選擇赫拉而成為世界上最有權勢之人，不就是得到世界上最美麗女子的手段嗎？顯然在美色的誘惑下，他看不到這一石兩鳥的策略。

雖然我們都了解，女人的美貌可以暫時癱瘓所有男人與女人的理智。但是赫拉和雅典娜——尤其是雅典娜——與其他平凡的女神一起搶蘋果的鏡頭，還是令人非常灰心的。這似乎證實了所有兩性平等的講話都是徒然。女性對容貌的心結是如此的根深蒂固，就算爭取到了權力，自修到了智慧，到了節骨眼上，女人所真正要的，還是對自己美貌的認可。也無怪乎要討女人歡心——不管這位女子是總統還是大學校長——最快速的方法，就是對她的容貌多多獻上諂媚之辭，同理推之，打擊女人最有效的利器，就是說她長得醜，此語一發，這位女子——不論她有多少的權勢或多少的智慧——必定立刻瓦解，她不僅即時心碎，並且會非理性地覺得自己真的一無價值。

李敖就曾在台灣的立法院上做過這樣的示範。在一次辯論中敵不過另一位女立委時，他就使出了這項利器，而在大庭廣眾之下大聲說那女立委長得很醜。而如我在上文所預言的，這位女立委聞言立即崩潰。她不但不能學習某位男星涎著臉說「我很醜但我很溫柔」的榜樣，不動聲色地說：「我很醜，但我比你有理」，這位女委竟然立刻變得自怨自艾起來，還說那天她只是沒有把頭髮打點清楚等等，儼然像在為自己的不美抱歉。

也許我們不該太苛責這位女立委，到底連赫拉那樣有權勢、以及雅典娜那樣有智慧的女神，都曾為了一隻金蘋果，而不顧尊嚴地與眾小女神扭打成一團。不過台灣立法院的這齣鬧劇，好像卻超過了理智「暫時」的癱瘓。那位女立委的丈夫竟在事發的第二天站出來和媒體講話，倒不是譴責李敖的野蠻，卻是告訴眾人自己覺得妻子很美。頓然間，這位女立委的美醜成為了議題的中心，卻沒有人想到要制約那位在立法院裡撒野的人。可見女子美貌這個議題所暗藏的殺傷力，並沒有因為特洛伊戰爭的教訓而終止。它的顛覆性與震撼力是如此之強，以致我們會離譜地無視李敖的囂張行為，卻專注地討論一位女立委的美醜。也無怪乎我們的社會裡至今仍充斥著那些只能一度空間地以容貌來衡量女人的男人，在辯論上爭不過女人的時候，他們或說那女人長得醜（因為在他們的心中，敢與男子論長短的女人都是醜惡的巫婆），或是自比孔老夫子，而清高地說「唯女子與小人為難養也」。

愛美本是無可厚非之事，難道智慧女神雅典娜不應該期望自己是一個又有智慧又美麗的女子嗎？或說那使眾神之父宙斯嚇得發抖的赫拉，不應在權勢之外也嚮往美麗嗎？問題在於多數女人所追逐的美麗，並不是自我內在所印證的美麗，而是永遠需要他人認可的美麗，尤其是要被男子認可的美麗。面對自己是否美麗的問題，女人永遠沒有安全感，因為她們所仰仗的是來自外在的認同，所以她們會那樣惶惑不安地時時需要別人的肯定。白雪公主那位美麗的繼母，對自己的美麗是如此地不放心，所以需要不厭其煩地拷問那面鏡子，只有不斷地聽到自己是世界上最美麗的女人，她才能安心度日。當那鏡子說出了白雪公主的名字時，皇后頓然失去了生命的意義，而必須對白雪公主使出殺手鐧。

無法擁有來自內在的、對自己美麗的自信，女人才會不斷地需要那隻金蘋果，那面鏡子，甚至像李敖那種男子的讚語。

恆久依據外在價值的存在，是一種物化的過程，也就是將自己從一獨立自主的主體，轉變為一永遠要憑恃他人定奪的客體。女人需要他人肯定自己美麗的訴求，亦是這樣的一種交出主權的過程。在這過程中，她們不能自控地追求著那隻金蘋果、那面鏡子、或是她們其實並不怎麼尊敬的男子口中的讚辭。其所造成的結果從可笑、不堪、到恐怖——平日事事幹練的女立委突然變得囁囁嚅嚅不明事理，美麗的皇后成了謀殺罪犯，充滿智慧的雅典娜愚蠢地去搶那選美的后冠，憤怒的赫拉為了復仇挑撥出了特洛伊戰爭中種種的苦難。

值得慶幸的是，女人也有覺醒的時刻。物極必反，在這令人沮喪的宿命論的籠罩下，女子的智慧之光偶能穿透那密佈的烏雲，把「女為悅己者容」的迷思改寫成充滿自我尊嚴的「女為己悅而容」。以打獵及野外活動著名的女神戴安娜在另一則神話裡，就為女性做了最徹底的復仇。

奧偉德（Ovid）《變形記》（*Metamorphasis*）中，戴安娜不但沒有迷惑於稱讚她美麗的言辭，還把那有眼無珠只把她當成愛慾對象的阿克頓（Actaeon）變成了一隻鹿，讓他被自己豢養的獵犬追逐，最終被撕成碎片。阿克頓在森林中看到了裸浴的戴安娜，而像多數的男子一樣，他只把戴安娜看成是滿足自己慾望的女體，而看不出她其實是一位勇武的女獵人。在文學上，阿克頓從此象徵著被自己慾望吞噬的悲慘後果。他其實是漠視女子靈魂的反面教材，是對那些只見到女子外貌的美醜，而見不到女子內在才華的男子的一種警示。

戴安娜的絕決，帶給我們一絲希望。女子對自己美貌的沉溺並不是無可救藥的。當她意識到自己已被變為一個物件時——即使那可能是對她美貌的肯定——她仍能有著足夠的智慧，採取反擊，所要攻擊的不只是那男子，也是永遠要依恃男子的自我。而被變形的，並不只是阿克頓的外在，更是女神自己的內在。

第一個女人

「男先女後」的概念，似乎早在原始神話中就被確定。西方傳統神話講到男女存在的順序時，總把男人放在前面。舊約聖經說神先造了亞當，才想到造夏娃。希臘神話裡雖沒有單一的造物神，但在它的「創造」體系中，男人是與萬事萬物一起生成於太初混沌，女人卻是後來才被造出。這樣的故事不只在強調女人「後到」的身份，更影射著女人並不是宇宙原初的設計，是事後想到才添加的「附屬品」。

神話的作者既然認為女人的存在無關「第一因」，那麼女人的創造，必要以某種用途及目的來合理化吧！照理說，最明顯的應是女人生育繁衍的功能了。但奇怪的是，神話在描寫天地第一個女人的時候，卻對此著墨不多，反而講述了許多無關生殖的事。比如說，夏娃在舊約聖經中最為「顯赫」的事蹟，倒不是做為天下之母的地位，而是偷吃禁果的醜聞，她也因此成為了人類苦難的源頭，要不是因為夏娃貪食被神禁止的蘋果，人類到現在可能還快快樂樂地生活在伊甸園中呢！亞當雖然也吃了，但他是受夏娃鼓動，錯不在他，錯全在夏娃。

希臘神話講述宙斯創造第一個女人的原因時，也不提繁衍後代，而直接就說宙斯創造女人，不為別的，就是為了要懲罰人類。希臘神話中第一個被造出的女人潘朵拉（Pandora），就是那個打開「潘朵拉的箱子」（Pandora's box）而釋放出人世間所有邪惡、痛苦與禍患的罪魁禍首。

令人驚心的是，希臘與希伯來這兩個西方最重要的傳統，在講述第一個女人的故事時，居然不約而同地把女人視為人類災難的來源。似乎，女人繁衍後代的功能，反而不及她做為頂罪鬼的用途來得重要。這些神話故事當然也給了後世一個方便的藉口，在高呼「一切都是女人惹的禍」時，男人心安地覺得自己是有著宗教與神話上的立足點的。

比較起來，舊約聖經比較圓滑，為了「公平」的表象，它對夏娃的譴責並不是先設的，而是讓夏娃先有犯錯的機會，再名正言順地指出「都是夏娃惹的禍」！當初神造夏娃，實是出於一番愛惜人類的善意，祂也只是想要給亞當一個幫手而已，然而不爭氣的夏娃，卻禁不起蛇的誘惑，不但自己吃了蘋果，還叫亞當也吃，才導致了全人類的墮落。但是夏娃的軟弱與禁不起誘惑，不也是神的設計嗎？如果女人先天就比男人愚蠢，或是比男人貪吃，那似乎也是造物者的偏心，祂為什麼不能給予女人和男人同等的堅定呢？基於夏娃有限的自由意志，我們很難決定，夏娃是咎由自取，還是神早先就決定好了要用女人做為「罪惡的掛鉤」。

和舊約聖經比起來，希臘神話對女人「欲加之罪何患無名」的企圖上就更直接了（因此好像也比較誠實一些），它省去了那些讓女人先犯罪的彎路，理所當然地表明女人是人類的詛咒，她的出現本來就是對人類的懲罰——那時的人類當然只有男人。女人的出現，就是禍患的開始。

至於宙斯為何要處罰人類（男人），前因後果說來話長，這牽扯到了宙斯和普羅米修士（Prometheus）之間的恩恩怨怨，普羅米修士騙神吃了較差的祭祀之肉，而把好肉留給人類，他後來又盜了宙斯的火種給人類等等，總之，普羅米修士惹火了宙斯，宙斯除了把普羅米修士綁在高加索山上讓禿鷹天天啄食他的肝臟之外，也決定要處罰他所愛的人類，就像有人報仇，折磨仇人還不夠，還要虐待仇人的小貓或是小狗。

因為創造論的色彩極淡，赫西亞德（Hesiod）的《神譜》（*Theogony*）幾乎沒有「創造」的故事可言，太初有道，眾神與男人一併存在，只有女人缺席。潘朵拉的被造，是《神譜》中少有的幾樁創造神話。這絕不在表彰女人的特殊，而是要暗示女人「另類」與「非自然」的本質：女人和男人本屬不同的族類，而男人的存在，因為與宇宙同步，所以有著較高的合理性。這表現出了希臘傳統對女性更強烈的排斥。在舊約聖經中，夏娃至少還是由亞當身上取出的肋骨所造，所以還與男人同質，潘朵拉則完全造自不同的材料。

《神譜》對潘朵拉的創造，只約略提及，真正的細節，是寫在赫西亞德另外一部著作《勞作與時日》（*Works and Days*）中。「潘朵拉」這個名字，也只見於《勞作與時日》。在希臘文中，「潘朵拉」有著「來自各方禮物」（gift-of-all）的意思，而她的確是各方禮物的合成，因為她的創造是眾神皆涉入的「集體」活動。根據赫西亞德的敘述，宙斯要求奧林匹克的打鐵匠海菲斯德斯（Hephaestus）造一個陶土的女人，然後由東、西、南、北風一起對著陶土吹氣，使她有了生息。奧林匹克山上的女神再像給紙娃娃穿衣似地一一賜予這女體以美麗的飾物，潘朵拉頓時成為了人見人愛的美女，然而在美麗的外貌之下，她卻有著唯恐天下不亂的淘氣性情，這種性情加上極強的好奇心，使她成為了一位危險人物。最終她敵不過好奇心的驅使，而打開那隻箱子，在原本美好的世界中，釋放出了各種邪惡。根據赫西亞德的敘述，箱裡原本並不全是壞東西，藏在各種惡行之下的還有「希望」這個物件，不幸的是，當潘朵拉眼見自己闖下大禍時，急急關上箱子，硬把「希望」關在箱裡，不能得見天日。這是對女人的雙重譴責，她因好奇釋放出邪惡，又因驚慌，而把希望那唯一的解藥，永遠地鎖在箱內。所以女人不只是麻煩的根源，更也是「希望」永遠被埋葬的原因。

由傳統神話對第一個女人所表現出的敵意看來，兩性間數千年來持續的爭戰與誤解，也就不足為奇了。然而，這些故事所透露的僅只是單純的「仇恨女性」的情緒嗎？男人編造這些故事時，只是為要發洩仇恨女性的情緒而故意抹黑嗎？在此值得提醒的是，神話都是男性寫的，它們所表現的當然也是屬於男性的心理。

如果用榮格（Carl Jung, 1875-1961）「原型」（archetype）的心理理論來解析這些女人被造的神話，我們也許可以看得到，埋藏於這些神話之下的、是比「仇恨」更複雜一些的心理狀態。

在繁衍與傳宗接代的功能裡，男人少不了女人，他們必需要靠女人才能生出子嗣（兒子），而子嗣決定著財產的繼承與家族的延續，所以對他們是極其重要的，換句話說，男人的命運因為依恃著子嗣的存在，所以完全被女人掌控。對此，他們沒有任何的控制，也因為失控，而生出焦慮，焦慮延伸成為對女人深切的懷疑。在歐里庇德斯（Euripides）的劇作《米迪亞》（*Medea*）中，傑遜（Jason）就曾幻想著如果不必透過女人就能有兒子，那該是多麼美好的事。所以與其說神話對女性的負面寫像，代表著男人仇視女性的情緒，倒不如說，這些故事寫的是他們自己對不確定的恐慌。

在榮格原型理論的語境裡，潘朵拉的故事還有一個十分相關的細節，值得我們注意，那就是我們一般所說的「潘朵拉的箱子」，其實是出自誤譯。赫西亞德在《勞作與時日》中所用的字是*pithos*，這是一種小口大腹用以存放食物的容器，而不是四方形的箱子。這個誤譯可能出自十六世紀的伊拉斯模（Desiderius Erasmus of Rotterdam）之手，他如果不是誤解了這個希臘字，就是把潘朵拉的故事與賽琪（Psyche）的故事混在一處了。

將「潘朵拉的箱子」改為「潘朵拉的瓦甕」，在視覺上，這個小口大腹的容器，使人立即有了子宮的聯想。此外，「潘朵拉」這個名字在希臘文中，除了上述「來自各方禮物」的意思之外，也有著「給予所有」的意思，亦即是那撫育萬物的地母的代稱。因此，潘朵拉打開箱子釋放出邪惡的舉動，可以合理地被看成是女人生產的隱喻。在這樣的詮釋下，潘朵拉的故事所講述的，可能就不再是一個惡意的女人釋放邪惡以加害人類的寓言，而是一個有關生育與人類苦難的寓言，也就是說，生即為苦，新生命的到來，亦即是所有磨難與痛苦的開端。藉著潘朵拉，神話作者所表達的也許不盡是對女性的譴責，而是對生命本質的疑懼。

至於那被鎖進箱底（深埋於子宮）的「希望」，正象徵著生命之謎，也是使人明知生命之苦，卻仍不斷繁衍子嗣的原因。在此「希望」（*elpis*），更正確的翻譯可能應是「期望」，因為期望可有正反兩種結果，更能描繪生命模稜的本質。「期望」可以是驅策人們達到目標的好事，但執意於永遠不能滿足的「期望」，卻可能是痛苦的根源。那從子宮中釋放出的新生命，可能是苦難的開始，也可能是人種繼續生衍的希望。所有的生命因而都是福賜與符咒的混合。

神話到底是出於人的創造與書寫，記錄者雖然只是收集散佈各處的神話，但他對故事仍有「人為」的影響。克雷夫斯（Robert Graves）在他的經典之作《希臘神話》（*The Greek Myths*, 1955）中就曾指出赫西亞德所講述的潘朵拉的故事，並不是「真正的神話」，而是當時流行的反女性的寓言，甚至可能是赫西亞德自己所編纂的。但是現有的神話不管來源為何，卻都是男性的敘述，我們因而可在這些神話故事的後面，讀出男性的焦慮與隱憂，恐懼與挫折。

做為現代女性，我們難免時時幻想著一部女性書寫的神話。如果對生殖的焦慮是男性書寫第一個女人的靈感，那麼女性將會如何敘述男性被創造的根由？如果與混沌並生的是女性而不是男性，那事後才被造的第一個男人，會是在何種情況下被設計？模仿宙斯創造女人以處罰男人的故事線，我們將如何書寫一個類似的、眾女神創造男人以處罰女人的故事？

手癢的人也許可以寫出這樣的一個版本：

一日眾女神聚首於奧林匹克山頭，談起個人憂心的話題，也都不外是男神引起的麻煩：赫拉說宙斯又有新歡，雅典娜細敘一樁男人的蠢行，迪米特哭訴宙斯如何不經她的同意，就把女兒波莘芬妮嫁給了地獄之神……在高昂的情緒中，她們朝山下望去，卻見世間女子快樂地度日，人間充滿一片歡笑和諧。

「太不公平了！我們身為女神，卻還不如凡世的女人。」赫拉憤憤不平地說。

「那全是因為世間沒有男人，她們才可能那樣地無憂無慮。」智慧的雅典娜立刻點出因果。眾女神皆百感交集，不平與嫉妒相互衝撞，在激動中，她們當下決議，要在人世間造出第一個男人，才能扳回一城，使世間女子和她們一樣受苦受難，因為男人而頭痛煩惱，如是，第一個男人被造於人間……

不結婚的大多數

鄰居的女兒蘇珊和她的男友比爾，從高中起就要好，兩人住在一起快五十年了，還是如膠似漆，但他們就是不肯結婚。原因無他，只因為蘇珊對婚姻制度有著本質上的仇視，她認為婚姻與愛情根本無關，只是為維持社會規範而設立的一種制度。所以她常聳人聽聞地說，婚姻只能貶低她和比爾之間的愛情，好像彼此不能確定對方的感情，還需要用州政府開的證明，像契約一樣地把彼此綁在一起。蘇珊和比爾在沒有婚姻約束的情況下，愛則聚不愛則散，竟如此廝守了半個世紀，大概也證明了他們之間自發與真實的愛情（兩人並不是必須在一起，而是想要在一起），在蘇珊的價值觀裡，愛情只能是這樣的，其他的形式都只能算是妥協。

比較開明的朋友聽了蘇珊的故事，都暗自佩服她的勇氣，雖然同意她的想法，多數人卻無法將這樣的理念付諸實踐。保守的朋友聽了蘇珊的故事，極端地不以為然：「啊！典型六十年代嬉皮的想法。」蘇珊和比爾的確成長於六十年代，當然受了那個年代在兩性關係上叛逆思潮的影響。但是不管給蘇珊戴什麼樣的大帽子，在對婚姻追根究底地質詰後，我們似乎也不得不同意她部份的立場。只要願意暫時放下傳統的框架，而對婚姻制度稍做思索，多數人都不難看出婚姻與愛情之間的巔顫關係，如蘇珊所說的，婚姻與愛情之間，其實並無必然的關係存在。

我最近讀到的一本書，就用了二百多頁的篇幅論證蘇珊的立場。這本書出版於二〇〇三年，書名是《反愛情：一則辯證論法》（*Against Love: a polemic*, 2003 Pantheon Books）。作者克普尼斯（Laura Kipnis）任教於西北大學的社會學系。她循序六十年代桑塔克（Susan Sontag）所寫《反詮釋》（*Against Interpretation*）的脈絡，用了比桑塔克更為銳利與機智的方式，對傳統婚姻制度提出各樣的控訴（就如桑塔克對堅持「意在言外」的閱讀姿態所做出的撻伐）。不過這書名初看之下，卻有誤導的嫌疑，作者要反的是婚姻，而不是愛情。而要反婚姻的最大理由，是為了維護愛情，因為依照作者的說法，婚姻乃是摧毀愛情的最快速與最有效率的殺手。但「反婚姻」（Against Marriage）卻不能成為一個好的書名，不僅因為在音韻上不中聽，且在意義上引發了女性主義抗暴宣言的聯想，太過平俗。「反愛情」的震撼效果就大多了。所以，書名中的「反愛情」比桑塔克的「反詮釋」有著更為曲折的意義。此中的「反」並不是作者的態度，而是她對婚姻的控訴，也就是說婚姻最大的罪行，就在於它是與愛情背道而馳的。

和蘇珊一樣，克普尼斯也認為一夫一妻的婚姻制度，與愛情毫不相關，純然只有維護社會安穩與秩序的功能，所以只是一種權力制衡的機制。願意安份遵循婚姻規則的男女，可以他們結婚的行為換取到社會的籌碼：這包括社會地位、稅務的福利、與子女生活的穩定等等，所以婚姻在實質上是一種權力的授受，是權力階級以收買的方式，鼓勵有利社會安定的行為。因為只是一種社會機制，所以必隨社會的演變而有更移，婚姻制度因而沒有恆常的意義，從前男人可以三妻四妾，女人結婚時要發誓服從丈夫，七十年代以前，不同族裔甚至不能合法地在美國結婚等等。也因為這因時因地制衡的權宜性，婚姻失去了必然與絕對的道德內容，而不能用做為道德的準則。規範（或是習俗）不等於道德。所以把不結婚只同居斥為不道德的指控，並沒有真正的道德意義，那只是一項違背「習俗」的行為而已。

《反愛情》一書的作者不僅認為婚姻在本質上無關愛情，而只是穩定社會的一種制度，她甚至認為婚姻是違反人性的，因為婚姻的要求，完全與人類對愛情的憧憬背道而馳。對於異性，人天生有著強烈的對新鮮感的慾望，因而永遠有著探索其他可能的飢渴，要求一對愛侶（不論他們在某一時刻裡多麼地相愛）終生心無旁鶩地廝守一處，就等於對他們宣佈情感終生監禁的判決。為要履行傳統婚姻的制約，人們必須在情感上做某種程度的自我麻痺，而也正因為情感上的麻痺對社會的穩定是有好處的，所以婚姻制度才能達到它穩定社會的功能。但在情感生活的實現上，婚姻卻是最不合理的牢獄，使人必須在情感上處於半死不活的狀況。

那麼我們敢不敢想像一個沒有婚姻制度的社會是什麼樣子呢？它是否真是保守人士所深恐的天下大亂？如果每個人都像蘇珊和比爾那樣，合則聚不合則散，這個社會是否終將破散流離？但破散流離是否就一定比情感的僵死要糟糕呢？事實上，自從離婚不再是一種禁忌之後，我們在短時間內看到了離婚率的激增。這是否也是婚姻制度本身不合理的旁證？雖然保守人士認為離婚率的高漲所揭示的是道德的普遍淪落，故企圖藉由不同途徑將之強化，《反愛情》一書的作者卻相信，多數人不能白頭偕老的理由，無關道德，而是由於婚姻制度先天的不合理，所以她一再強調，愛情的神髓是它的自發性，需要「努力」才能維護的，就早已不是真正的愛情了。

其實，蘇珊與克普尼斯教授的意見，並不見得是離經叛道的極少數，最近一則熱門的新聞，印證著她們論點已逐漸普及。二〇〇五年美國人口普查結果報告中的一項統計數字，成為最近幾個星期中最被談論的新聞，也是紐約時報網站上最被傳送的故事：在二〇〇五年，有婚姻存在的家庭首次降到了百分之五十以下。也就是說，美國半數以上的家庭，都無傳統婚姻的核心。雖然在四十歲到六十歲的人口中，婚姻人口仍占多數，但在YZ新世代群裡，同居而不結婚卻已成了大多數人的選擇。也許在眾多社會禁忌終於解嚴後，新生代才能開放地思考婚姻制度真正的意義，結論使他們普遍對傳統婚姻提出了質疑，於是他們不願像他們的父母那樣乖乖地服從就範。除了哲學與思維上的叛逆外，現今社會的新結構，也促使著婚姻之外的兩性關係成為可能。女性就業人口激增是其中最大的一個因素。由於經濟獨立，婚姻不再是女性安身立命的唯一出路，而有了另尋較為合理安排的動力。在男女有同樣經濟能力的現代，婚姻已失去了它的經濟意義。唯一僅存的禁忌，只剩下未婚對子女可能造成的傷害。所以考慮下一代的福祉，成為多數年輕人選擇結婚的唯一理由。但是，在離婚率高漲的今日，多數子女最終仍要面臨父母離異的狀態，這唯一約束的消失，亦是指日可待了。

也許有越來越多的男女，像蘇珊及比爾一樣，追求著情感的實質滿足，而不僅是婚姻生活的安穩。為了真實與自發的愛情，他們情願不要婚姻所能給予的安全與保障。老一輩的人，可能要因結婚率的低迷與離婚率的高漲，而悲嘆人心不古，或以為現代的年輕人不如他們快樂。事實上，結婚率或離婚率都不是可靠的快樂指數，或情感生活的標竿。一個保守的社會可以極力標榜它極低的離婚率，但我們都深知，那並非代表快樂：陷在不快樂的婚姻中而不能離去的人，在情感上並不見得都是快樂的，有著累累離婚記錄的人，在情感上也並不見得就是比較不快樂的。

一個都嫌多

人口政策與重男輕女的觀念，在中國大陸造成了男女不平均的現象，社會學家開始擔心男人娶不到老婆而可能引起的社會不安。長久被輕視的女性，難免不對這樣的發展生出興災樂禍的心情。女人終於翻身而成了稀奇寶貝！

一天幾位好奇的美國女友問起這事，我在得意忘形的心情下，提出了這個語不驚人死不休的解決之道：

「可以實行多夫制啊！」

我正為自己的創見洋洋得意的時候，一個冷冷的聲音從角落傳來：

「誰會想要多夫？一個都嫌多了。」

頓時，屋內響起了一片會心的笑聲。

的確，除了爭平權、想報復時偶有的衝動之外，平心靜氣下來，有多少女人會想要複數的配偶？一個還不夠折騰，誰會想要去找那多夫的麻煩？

看來坐擁多重配偶的慾望，是純屬陽性的。這不知該溯源到生物進化論的原理，還是陰陽荷爾蒙的迴異。

我指的並不只是生理層面，或是生活中女性必要照顧男性的不公平，我指的是男女情感質地的根本不同。女人天性牽絆，命定甩不掉死心塌地的愚忠、犧牲自我的奉獻、以及夙夜匪懈的投入，如果日日要與幾個不同的男人周旋繾綣，實在會有神經崩潰的危險。男人在情感上卻似乎有著消受多重來源的天賦，因此可以徹底享受齊人之福，即使是有三千女人的寵愛在一身，也絲毫不會造成負擔。

當然除了「從一而終」與「人盡可妻」這在數量上的不同態度以外，男女對精神與肉體之愛的比重分配，也有著天壤之別。男人絕對需要形體的出席在位，只有「此時此地」的情感算數。女人卻可以不必朝朝暮暮，能在無形的精神層面感受愛情。這不同的訴求，可在男女喪偶後是否急急再婚的行為之上看出。男人喪妻之後，通常立有再婚的急切，他們很難在沒有女人的狀況之下生活。相反的，女人少有那種急切，多數也真的守寡至終。前陣子紐約時報刊出一篇社會學家研究鰥夫寡婦再婚行為模式的報導，導出的統計數字，完全是我們所預期的：鰥夫再婚不僅在數字上遠遠超過寡婦，更在速度上遙遙領先。這篇報導以斗大的標題總結研究結果：「女人傷逝，男人換新！」（Women grieve, Men replace!）。

犬儒一點的人可能要說，這與情感質地無關，完全是市場供求現象的反映，在老夫少妻被視為正常、老妻少夫被視為是傷風敗俗的社會風氣下，男人喪妻後，選擇伴侶的可能性依然興旺，女人除了和自己年齡相仿的老男人外，別無選擇的餘地，而在女人壽命長於男人的情況下，老男人的人口是極端有限的。這當然是一個十分現實也十分合理的推論，但追根究底，女子選擇寡居，並不見得真是不得不如此，而是執意要如此，她們不願再婚的真正原因，就是出於我那位冷靜的朋友所說的「一個都嫌多」的心情。這顯現在美國人口普查的結果裡。

二〇〇五年美國人口普查的結果顯示，美國單身女性已經成為多數，占女性人口的百分之五十一。與二〇〇〇年的數據相比，這是驚人的百分之四十九的成長。造成這增長的原因很多：年輕一代晚婚，選擇同居而不結婚，婦女較長的壽命製造出更多的寡婦人口，當然還有就是離婚率的高漲等等。然而單身女性的比例遠超過單身男子的原因，卻依然可追溯到男女再婚率的差距。這種差距顯現在離婚與喪偶的兩種情況裡。被訪問的女子所最常提出自己不願結婚或再婚的原因，竟然都是那「一個都嫌多」的變奏。有數位中年喪偶的婦女表示，慶祝自己遲來的自由都來不及，那裡願意再鑽進婚姻的束縛之中：「我花了幾十年的時間照顧別人，好不容易有了可以好好照顧自己的機會，我怎肯放棄？」

當然，能有這種「遲來的自由」也是一種幸福了。我們不能小看這種自由的價值，有人生時不能得之，竟也立意要在死後爭取。幾年前就曾有過一位日本女子，公開要求死後不要葬在夫家的墓園，據新聞報導，她曾憤懣地說，一生奉獻給丈夫已經夠了，她希望死後能得到屬於自己的安寧。沒想到這位婦女的講話竟觸動了全國的神經，一時成為一種社會運動，成群結隊的女子，站出來表示同樣的態度。這是日本女子壓抑情結的突然爆發，既然無法戰勝封建社會的壓迫，只能要求死後的解脫，說來當然也是十分可憐的，她們能爭取到的，也只是死後的一丁點尊嚴，以及那只有象徵意義的獨立。

看來我那多夫制的幻想，是很不切實際的，也絕對不可能只因男女人口不平均就能在中國社會裡輕易實現。因為它所牽引的，不僅只是與天然生理及情感的背道而馳，也是對文化根基的動搖，恐怕還牽扯到了對語言的革新。比如說，我們能在多夫制裡找到「三妻四妾」的相對詞彙嗎？「妾」這個字可能有陽性的對等嗎？「妾」——站立的女子——完美地描述了小老婆隨侍在側的地位，但我們有可能造一個「站立的男人」這樣的新字嗎？可能性極小。倒不是因為這樣一個字會很難看（其實在中文裡，「男」少做偏旁，總是獨立存在），主要是因為女人與生俱來的母性，使她絕對不能忍受自己坐著別人站著，一生以照顧他人需要為先的本能，使她馬上會去搬一張椅子叫她的男人坐下。有男人隨侍在側，女人只會坐立難安，怎可能去消受那「三夫四立男」的福份？這是女人自己不爭氣的地方，不能歸罪到男人頭上。好在女人多有自知自明的智慧，故能把持那「一個都嫌多」的沉穩，甚至有過半數的女人有了「一個都不要」的清醒，她們才不致墜入男人「多就是好」以數量衡量快樂的陷阱。

妖姬之歌

參孫與大利拉（Samson & Delilah）的故事最早出現在舊約聖經士師記的第十六章，敘述非利士人與希伯來人之間的爭戰，身為非利士人的大利拉，為擊敗希伯來人，而以美色引誘大力士參孫，使他說出自己力大無比的根源，繼而剪下他力氣所在的頭髮，參孫束手就擒後被剜出雙眼，囚於牢獄。痛失主將的希伯來人立即潰敗於非利士人之手。參孫最終悔悟，再得神助，恢復氣力，空手摧毀了非利士人的宮殿。

這個故事曾是不少藝術創作的靈感泉源，除了美術史上有無數參孫的畫像之外，聖桑（Camille Saint-Saens, 1835-1921）寫過同名的歌劇，還有以史詩手法拍攝成的電影《霸王妖姬》，甚至連搖滾樂手史賓斯汀（Bruce Springsteen）也在他出名的歌曲《火》（Fire）中，將參孫和大利拉的名字與羅密歐及茱麗葉並提，做為火熱愛情的榜樣。

用最單純的讀法來讀，參孫與大利拉的故事是一則英雄為美色而誤國的道德寓言，切合著以敘述希伯來人興衰為主軸的舊約聖經的語境，也反映著傳統父權社會對女色所表現出的敵意與恐懼。但在後現代歷史觀——如「誰的歷史？」與「誰寫的歷史？」——的詰問下，許多游移不定的議題——如情慾、權力與國族——就在這單純的宗教與道德的表象下，冒起了顛覆的泡沫。

其實聖桑在一八六九年開始寫他的歌劇時，已意識到了這個故事在政治、宗教、道德的訴求外，所可能有的情感潛力，所以他一反傳統取向，不說英雄而說美人，主角不再是參孫，而是大利拉。歌劇中最為膾炙人口的三首詠嘆調，都寫給了大利拉。這視角的輕微轉移，使得聖桑的歌劇頓時擺脫了僵硬的寓言框架，而成為一齣充滿著激烈情感的人間戲。也無怪乎這齣歌劇，最初雖然掛著宗教的面紗而以「神劇」相稱，仍然引起當時法國社會的不安。對許多人而言，將情慾的元素灌注在聖經故事中，是一種極端的褻瀆。這齣歌劇一直要到一八九〇年才在法國首次演出。那時聖桑寫作此劇的繆斯——女高音卡席拉薇雅朵（Pauline Garcia-Viardot）——早已自舞台退休，而不能參演這齣原是為她而寫的歌劇。

也就因為聖桑超越了傳統的框架，把這則故事建構在流動的視角之上，大利拉就不再只是一個陷害英雄的「禍水」，而是非利士人眼中的民族女英雄。所以她像其他「美人計」故事中的女子一樣，在演繹誘惑的遊戲時，因為肩負著國家興亡的大計，所以命定了要在多種彼此相互衝突的「忠誠」中鋌而走險。這些女子除非能完全融入一度空間的意識形態，否則在實行「奸計」的過程裡，必然要經歷各種來自不同方向的忠誠的拉扯：對人民的忠誠，對自己情感的忠誠，還有對那男子若有若無的情愫的忠誠。在說著愛情的謊言時，她難道不會有那一秒之間的恍惚，而愛上了自己編造的愛情故事，以及那愛情故事中的男子？假戲真作的情況大有可能，歷史上不正泛濫著女間諜最終愛上的敵人的流言？

因此，聖桑歌劇中的大利拉是一個非常不容易演好的角色，她並不只是一個以誘惑男子為職志的「壞女人」，或是像徹底解放的卡門，可以毫無保留地展現自己放蕩不羈的妖嬈。她的妖嬈不是出自本性，而是有著目的性的欺瞞，所以她必須有所束收，因為觀眾期待聽出她甜蜜歌聲裡所混雜的言不由衷。這個角色的完整塑造，也就必然牽扯到了某種平衡，大利拉永遠要危顫地走在兩種可信度所撐起的鋼索之上。她不但要在無知的參孫面前可信，更要在劇院中全知的觀眾眼中可信。所以在濃烈如蜜糖的誘惑中，她必要加入恰適其分的冷靜與反諷。

大利拉在這部歌劇中最著名的三首詠嘆調是〈降臨的春天〉（*Printemps qui commence*），〈我的心扉向你的呼聲開敞〉（*Mon Coeur s'ouvre a ta voix*），以及〈愛情！請助我克服軟弱〉（*Amour! Viens aider ma faiblesse!*）。前兩首是對著參孫而唱，她用盡心力，想以溫柔及甜美溶化那位孔武有力的男子。第三首是對自己所唱，激勵自己勇敢前行，降服參孫，以不負人民重托。這三首旋律優美的詠嘆調，在聲樂與器樂的對位上，卻有著十分複雜而並不是十分和諧的編制。只有在〈降臨的春天〉一曲中，聲樂與器樂是十分和諧地並行，在另外兩首中，聲樂與器樂相互傾軋，器樂埋伏在女聲唱出的溫柔情歌之下，製造著危機重重的張力。這正是對大利拉言不由衷以及錯綜複雜的感情的一個註角。其實就是在溫柔的〈降臨的春天〉那首曲子裡，器樂部分的節奏也逐漸增快，在終曲前引進了騷動與不安。在〈我的心扉向你的呼聲開敞〉一曲中，聲樂部份是慢板的四分音符，譜寫大利拉向參孫的從容示愛，但器樂部分卻自始至終環繞著十六分的跳動音符，在柔情萬種的女聲之後踢踢踏踏，像刺客趕夜路時的馬蹄聲，又像那拂之不去的惡念，滴滴答答縈繞心頭。在〈愛情！請助我克服軟弱〉裡，聲樂與器樂的衝突就更為暴烈，伴奏與女聲完全循序著不同的樂思，走著不相同的音符，大利拉內在的衝突，在聖桑特意編製的樂章中做了最戲劇性的顯現。

要唱好這幾首詠嘆調，所需要的就是那甜美與冷靜間的平衡，忘情地把大利拉唱成一個戀愛中的女人，或是冷酷地把她唱成一位馬克白夫人式的謀殺者，都是極端的偏差。對這難以掌握的平衡，我有著切身的經驗。幾年前學唱〈我的心扉向你的呼聲開敞〉時，就十分拿捏不準。也許我偏向理性而忽略感性，急著對大利拉這位角色做智性的分析，而忽略了她在戲中急切需要完成的引誘任務（也可能是我那女性永遠應該處於被動的教養，使我毫無揣測誘惑恣態的能力）。我那位八十歲的聲樂老師麥爾太太，對我欠缺誘惑力的歌聲很不滿意，屢試不爽後，她終於不耐煩地敲著鋼琴對我說：「妳如果不能在三個小節之內抓住那個大笨男（hunk），妳就徹底地完蛋了！」

在大利拉的危險事業中，三十秒以內的捕攫與誘惑是致命的，決定著成敗。所以必要傾注天下所有的甜蜜，唱出最初的那幾個小節：「我的心扉向你的呼聲開敞，就如花朵在朝陽的親吻裡開綻……」其餘的婉轉，就到後面的歌辭中再去演繹吧！

然而大利拉的誘惑卻不是卡門甩著濃黑的長髮、口裡銜著玫瑰花的那種野艷，她必須依照男子的規則行事，收斂含蓄，把煽動男子慾望的企圖好好裝飾起來。演唱卡門所需的是一往的熱情與生命力，演唱大利拉則需要迂迴婉轉。前者暴烈，後者甜美，前者的危險寫在臉上，後者的危險藏在暗底，前者天真直率，後者充滿心機。反諷的是，看似無所畏懼的卡門，其實是最易受傷的。而頷首低眉的大利拉，卻充滿著殺機。這也是兩性關係裡的一個隱喻吧！誠實地顯現自己慾望的女子，因對男子造成了威脅，故必遭毀滅的命運，將自己的慾望深藏在順服表象下的女子，卻終能達到目的。

比才的卡門與聖桑的大利拉都是次女高音（mezzo-soprano）的角色，需要的也都是次女高音音色中較為低暗的神秘與誘惑，但兩個角色欲達的戲劇效果卻是完全不同的。卡門放蕩地唱著愛情自由如鳥，或是誇口自己選擇新愛像選擇新衣時，正因那自由的愛情，是不見容於男子主導的傳統社會，所以回響在歌聲中的，不是自由的歡悅，而是宿命的悲音。她只是一隻固執地投向燭火的飛蛾。相反的，大利拉用盡春天的意象，間接地低訴自己等待被愛的心情，以被動為主動，因此她聲音中誘惑的密度，必要經過精密的測量，以男子的容積為指標。在與大利拉的對比下，卡門簡直就是一個天真而毫無矯飾的小女孩了。（就曾有過一位導演在製作《卡門》時，設計了全白的戲裝，清純的打扮，予卡門以一小女孩的形象）。

做為一則人間故事，《參孫與大利拉》的趣味存在於虛實的倒轉，以及表象與真相間的齟齬——最強壯的體格裡，有著最羸弱的情感；最溫柔迷人的愛情，有著最致命的殺傷力；最溫婉順從的忞態裡，有著最具攻擊性的謀略……然而這故事中最具反諷意義的弦外之音，卻是大利拉的名字。在希伯來文裡「大利拉」乃是「軟弱」的意思。一位名叫「軟弱」的女子，最終卻征服了世上最強有力的男子，不管大利拉的這個名字是說故事人的特意安排，或只是真實裡的偶然巧合，都使這個以表裡不一為設計的故事，又多了一層更耐人尋味的意義，也使演唱大利拉這個角色，多了一個可以探索的向度。

搖籃與輪船

法國作曲家弗瑞（Gabriel Faure, 1845-1924）喜用他同時代的詩人——如雨果（Victor Hugo, 1802-1885）、魏爾侖（Paul Verlain, 1844-1896）等——的詩作譜曲，以此寫成了一百多首在音樂史中獨樹一格的「法國藝術歌曲」（French Art Song）。最為大家所熟知的一首大概是〈夢醒時分〉（*Apre un reve*），我讀大學的時候，這首曲子用長笛與管風琴錄製成的版本十分流行，還配上了一個非常頹廢的中文曲目，叫做〈一場愁夢酒醒時〉，被許多為賦新詩強說愁的文藝青年瘋狂地喜愛著。

但在弗瑞眾多抒情浪漫的短歌中，我自己最喜愛的一首卻是〈搖籃〉（*Les Berceaux*）。除了弗瑞一貫幽美卻略帶憂鬱的旋律之外，我喜愛這首曲子的最大原因，是那音樂與詩的完美結合。音樂配合著歌詞，淡淡地刻畫出了人生某種不可或移的境況與憾恨——人似乎註定了要在兩種同樣令人嚮往、卻彼此互相排斥的理想中來回地做著不盡完美的抉擇。

這首歌的歌詞取自法國詩人蘇利普律多姆（Rene Sully-Prudhomme, 1839-1907）同名的詩作。蘇利普律多姆不僅是當時法國極為重要的詩人之一，也是文學史上第一位獲得諾貝爾文學獎的作家。他是諾貝爾文學獎一九〇一年（也就是該獎首次頒發時）的獲獎人。

雖然題名為「搖籃」，這首詩卻還有另外一個主要的意象——「輪船」——與「搖籃」相互呼應，亦相互對立。這兩個同是搖動的物體，卻激起著全然不同的聯想：被母親之手推動的搖籃，讓人想起安逸、溫暖、舒適、確定、安於現狀、與世無爭，是家園的象徵；乘風破浪的輪船，卻讓人想起奮鬥、征服、動盪、不確定、海闊天空、嶄新的可能，是在世界裡打拚的象徵。退守於家園的滿足，與永遠行向未知的興奮，都是人所想望的境界，同樣叫人綣戀，卻常不可兼得，得此必失彼。藉著搖籃與輪船的意象，這首詩於是精準地描述了人生諸般對立的二元：穩定／動盪，歸屬／自由，確定／未知，知足／奮鬥，守成／激進……，像兩個衝突的靈魂住在同一個身體裡，使人永遠在二元的擺盪裡，感受著矛盾、掙扎、憾恨、與不完美。在靜謐的天倫之樂中，人們卻不可自禁地聽到遠方的呼喚，不能抗拒藏在地平線後的誘惑。但在航向異域的行程中，人們即刻開始渴望著家園的安穩，苦思壁爐的光熱與窗櫺內的燈火。

流浪的人想回家，定居的人想流浪；單身的人想望婚姻生活的安定，結婚的人想望單身生活的自由；愛情專一的人想像可以到處留情，到處留情的人渴望自己有專情的能力；有快樂家庭生活的人遺憾事業成就的不足，投身事業的人卻渴求家庭的圓足……人生所有的戲劇，都演繹自這兩種境界之間的張力。而人生所有的哲思，也都傾注於如何在這兩種拉扯的力量間找到一個平衡點。

全首歌的歌詞是這樣的：「延著長長的堤岸，巨大的輪船／在浪花裡靜默地搖擺／不理會女人之手／推動的搖籃。／／但道別的一天終將到來，／女人必要哭泣／好奇的男人／衝向滿佈誘惑的地平線。／／巨大的輪船／逃離漸漸逝去的港岸／龐然的身軀／頓然感到搖籃的晃動。」

好奇的男子聽不到女子難捨的哭泣，他們心無旁騖地望向那應允著嶄新可能的地平線，興奮地追問：「還有什麼？還有什麼？」直到船隻漸行漸遠，港岸在視野中幾近消失的那一刻，他們才頓時聽到家園的呼喚，猛然感覺到了搖籃的牽動。

在人世的奮鬥中，我們時常想著回家，但在回家的那一刻，卻又立即想著離家。我們永遠擺盪在「回家」與「離家」的兩極裡。

荷馬的史詩《奧德塞》（*Odyssey*）寫的就是一個「回家」的故事，希臘英雄奧德西斯（Odysseus, 又名尤里西斯, Ulysses）在令人疲憊的特洛依戰爭後，一心想回家，路上的災難擋不住他似箭的歸心，女妖的誘惑，也不能轉移他回到妻子身邊的執念。家鄉伊撒卡（Ithaca）如那永恆的北極星，毫不動搖地指引著回家之路。

然而回到伊撒卡不久，他又開始騷動不安，遠方招喚著他，離家的欲望在心中滋滋做響。鄧尼生（Lord Alfred Tennyson）的〈尤里西斯〉（*Ulysses*），寫的就是他的躁動。在以「無韻體」寫成的詩行裡，尤里西斯慨嘆著回家後的難安，他日日望洋興嘆，期望再踏航路，再次感到未知與不確定的拉扯：「所有的經驗都只是一座拱門／通向未曾駐足的世界，它的邊緣／在我的移動裡不斷地消失」。（Yet all experience is an arch wherethro' /Gleams that untravell'd world, whose margin fades /For ever and for ever when I move.）他不能忍受穩定卻一成不變的家居生活，雖然那是他從前漂流時期所夢寐以求的，回家的那一刻，就是離家欲望的開始。然而在年老的尤里西斯口中，那想要離去的心情卻不再清明，不確定的語氣漸漸滲入了他假作昂揚的情緒裡。人是否應該永遠地追逐著那不斷消失的地平線？全詩最後一段由單音節的字所堆砌出的激進，發出了空洞的回音。年老的尤里西斯似乎需要用口號式的呼喊——「努力，找尋，發掘，永不屈服」（To strive, to seek, to find, and not to yield）——才能說服自己，強叫自己相信永遠的航行與永遠的追索，才是人生最後的真理。

女人哭泣，男人離去，女人搖著搖籃，男人乘著輪船，這退守與進取的兩種人生的境界是否也有著性別的隱意呢？吳爾夫（Virginia Woolf）的《燈塔行》（*To the Lighthouse*）裡，袁塞姆太太（Mrs. Ramsey）經營著安逸的家園，她縱容著壞脾氣的袁塞姆先生，保護著年幼的吉姆士，並滋潤著莉莉畢瑞斯可（Lily Brisco），使她找到了藝術視景。但在被袁塞姆太太撫育的家園裡，那燈塔卻永遠是一個可望而不可及的幻影。他們不願離開她的溫室，冒著風雨行向燈塔。在安全的搖籃裡，他們放棄了可以到達燈塔的輪船。只有在她死後，在袁塞姆先生的驅策下，他們才終於棄置搖籃，搭上輪船，乘風破浪，勝利地到達了燈塔。

如此，搖籃與輪船所述說的，又何嘗不是女性與男性、陰柔與陽剛生活境界的互動？彼此相斥卻又相吸，輾轉傾軋，印刻出人世的軌跡。

弗瑞為這首曲子選擇了「12／8」的節拍，每個小節裡藏著四組華爾滋的節奏，三個上行的八分音符，緊接著三個下行的八分音符，周而復始地上上上，下下下，翻過一波，又有一波，沒有終點，也沒有一個四平八穩的完結。無怪乎一次朋友聽我唱完這首曲子後，說她有暈船的感覺。這波浪式的節奏不僅在音樂上模擬著搖籃與輪船搖晃的姿態，也因同形音波的不斷複製，而取消了起承轉合的可能，沒有高潮，更沒有結束，貼切地模仿著人生在兩極間沒有休止的搖擺，如那不斷進行的辯證過程——正反合，正生反，正反合，合為正，正生反，正反合——搖搖搖，搖曳直到永恆。

讀出遲暮之美

有時，最好的讀詩方法是嘗試將它譯成另外一種文字。不只是因為翻譯在文字上要求細膩斟酌，故能強迫讀者放緩閱讀的腳步，使原本並不經意的細節突現眼前，更也是因為不同語言之間的張力，往往出人意料地彰顯出了原詩看似尋常的語句中的新穎。

美國現代詩人阿蒙斯（A.R. Ammons, 1926-2001）以寫短詩著名。他有一首題名為〈Beautiful Woman〉的短詩，短得不能再短，在文法結構上，只是一個簡單句，去掉詩人刻意的分行隔段，及其他視覺上的安排，這首詩的文字可被凝聚成這樣清瘦的一句：「The spring in her step has turned to fall」。字面上讀來，是說：「她腳步裡的春天，變成了秋天。」據此，我們可說這是一首描寫時間流逝的詩，詩人使用了最基本的舉隅法（synecdoche），以片面觀全局，從腳步寫女人，描述一位青春少女，已然變成了成熟的中年婦人。若要從詩的題目引伸，我們也可說這首詩要寫的是美的必然枯朽，有著傷逝的基調，悲嘆青春與美麗的不再。

但在嘗試著把這首詩譯為中文時，我們會發現「她腳步裡的春天，變成了秋天」的譯法並未將詩的意思道盡。因為「spring」與「fall」這兩個字，在英文中還有其他的意思。用做名詞時，除了是春天，「spring」也可以是彈簧或是躍動。「fall」做為名詞，則有墜落或下降的意思。跳躍及墜落明顯地有著一種地勢上的對比，這並不能被「春天」與「秋天」這時序上的對比所涵蓋。為指引出英文裡的雙重意義，我們就必須在中譯裡做某種附加，以使這層意義不致消失在僅只是「春天」或「秋天」這無時序以外指涉的文字中，我們可試譯成：「她步履中輕盈的春光，成為沉重的秋影。」用「輕盈／沈重」以及「光／影」這兩組字，我們稍稍彌補了中文「春天」與「秋天」所濾掉的意義。

至此，我們掌握到了這首詩較為寬廣與豐富的色彩，但卻無改它的主題。它讀來仍是一首非常傳統的悲悼青春已逝的詩。其實，若以主題論詩，古今中外的詩，尤其是抒情詩，大概超不出十來個諸如愛情不常存、時光易逝等等陳腔爛調的主旨。所以讀詩，我們不可能只計較主題。讀詩不是為了「什麼」（what），而是為了它的「如何」（how）及「為何」（why）。趣味要在文字與語言中尋得，也就是柯立芝（Coleridge）所說的「最好的文字被做了最好的排列」。

這首詩也不例外，它的詩趣，甚至說它繁複的意義，都必要在文字的用法與結構中找尋。首先值得一提的是，這一句用散文寫來只有一行不到的句子，在原詩中是被排列成三段六行：「The spring/ in// her step/ has// turned to/ fall」。這在視覺上立即有了戲劇性，在一張空白的書頁上，這首瘦長的詩，馬上給人一種搖搖欲墜的感覺。

這欲墜的感覺，提示了另一個非常重要的語言向度。「spring「與「fall」這兩個字，不僅在做名詞時有著雙重的意義，而且這兩個字在英文中都可被用成動詞。「spring」是跳躍，「fall」是墜落。在這首詩中，「spring」因為前有冠詞，所以確定了是被用做名詞的地位。但「fall」的前面卻並沒有冠詞，它前面的「to」可被解釋成是介系詞或是形成不定詞的「to」，因此「fall」有了是名詞或是動詞的兩種可能。

令人驚異的是，在此我們如果把「fall」當成動詞來用，詩的意義就倏然有了巨變。

在英文中，不定詞暗示著未來與目的，所以不定詞中的「to」，幾乎可以轉換成「in order to」，有「為著什麼」的意思。依照這樣的語勢，「has turned to fall」，可以解讀成是「has turned in order to fall」，也就是說，她腳步中的輕盈轉變，實是為了要墜落：「她步履中輕盈的春光，是為要隕落成秋影」。在語調上，整首詩有了一百八十度的轉折，本來是一種被動與無助地受時光的摧折，一轉而為有著目的性的主動行為，而被描述的蛻變甚至有了令人歡欣愉悅的意思。詩的題旨亦從對時光流逝的哀悼，變成了對生命必然過的接受與禮讚。

而這首詩的題目，也正支撐著這積極與樂觀的讀法。「Beautiful Woman」之前沒有冠詞，不是「A Beautiful Woman」，或「The Beautiful Woman」，所指涉的因而並不是某個特定的美麗女子，哀悼的也不是個人美麗的消逝，因為沒有特指，題目中的這個美麗女子，有了抽象的普遍性，也指示出詩人所在意的，並不是一個俗世中紅顏已老的現象，而是更寬廣的、有著宇宙性的生命消長的現象。那女子應屬神話中隨季節消長復生的女神。在生命循環與生死必然的脈絡中讀來，詩中那步履的輕盈，的確是「為了」要隕落——出生後必有死，青春必有衰老，但我們也可以說，出生是為了死亡（死亡是為了再有的出生），青春是為了衰老（衰老是為了再有的青春），因為這詩要描寫的是美麗，故這一切不可更改的循環也都是美麗的。美乃存在於隕落與秋影之中，或應該說美存在於那亙古不能停息的生命環節裡。

其實，這首詩的一個文法上的小手勢，已然暗示了它刻意顛覆傳統意義的姿態。在原詩中，「fall」的後面沒有句點。這意味著「隕落」或「秋天」都不是結束，生命繼續前行，周而復始，永恆不滅。在詩尾危顫地「隕落」的輕盈，終將返回，因此那隕落的秋影也是美的。

所以這首詩，初看是在悲嘆美的必然腐朽，其實是肯定著腐朽中的美。生命有消長，有春秋，有榮枯，而每一個階段，因為都是生命的一部分，也就有其美好之處，有其值得被歌頌之處。

只能在姣好的年輕女子中看到美麗的人，就如同不能細讀這首詩的人一樣，在對生命形色匆匆的閱讀裡，錯失了小小的路標與記號：那字與字之間的對話，與刻意隱去的微小句號。我們仔細讀詩，或耐心地賞析藝術，除了過程中那份純然的愉悅之外，也期盼心眼的愉悅能打開肉眼的視景，使我們在俗世中，看得到原以為不美的事物中的美麗。

輯二

文藝女子

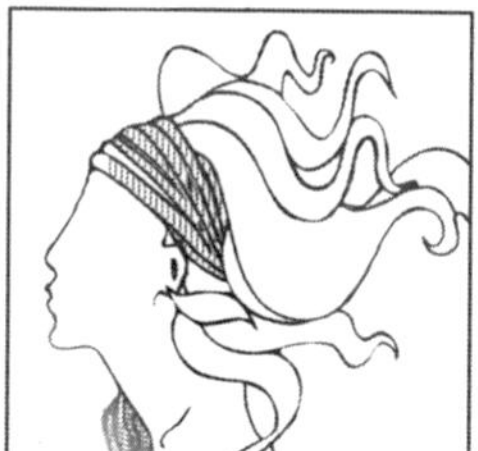

火石與韌鋼——「比格梅利安」神話的顛覆

一九四〇年十一月瑪莎葛爾紅（Martha Gellhorn）與海明威結為夫婦，成為他四任妻子中的第三任。她三十二歲，他四十歲。兩人也都在文壇享有如日中天的盛名，海明威剛出版了他最成功的作品《戰地鐘聲》（*For Whom the Bell Tolls*），葛爾紅則因西班牙內戰的一系列報導而聲名大噪。一位記者將他們的結合形容成是「火石與韌鋼的配對」（pairing of flint and steel），這個用語不僅在描寫他們當時可以擦出火花的熱情，也側寫著兩人堅硬如鐵石的獨立性格。

費滋傑諾（F. Scott Fitzgerald）聽到婚訊時，曾驚訝於海明威竟會和一位「真正有魅力」的女人結婚，他說：「這應和海明威從前那些『比格梅利安』（Pygmalion）式的關係不同吧。」比格梅利安是希臘神話中塞浦路斯的國王，愛上了自己用心塑雕出的女像，他因而成為在愛情中只能做自我投射的男子的代稱。蕭伯納（Bernard Shaw）的《比格梅利安》一劇，寫的就是一名紳士教授如何愛上自己調教出來的那位出身低下的女子，此劇即是電影及舞台劇《窈窕淑女》（My Fair Lady）的原始版本。費滋傑諾所指，當然就是海明威那龐大的自我與在愛情中永要處於主導地位的需要，那情結使他只能擁有可被驅策的女子，卻不能與有獨立性格的女子長相廝守。有著打火石般堅硬與獨立性格的葛爾紅，當然不是可以任由男子塑造與驅策的女子。

海明威將《戰地鐘聲》一書題獻給葛爾紅，故有學者認為葛爾紅是書中女主角瑪麗亞的模型，其實除了兩人都有「麥田般的金髮」之外，瑪麗亞這位只能以崇敬的迷矇之眼、與首肯的唯諾對待男子的西班牙女子，絕不可能是葛爾紅的化身。如果海明威曾經誤將葛爾紅幻想成他筆下那以愛情為生命極致的瑪麗亞，那他們婚姻關係走向幻滅，也就是必然的結局了。

但像所有沈醉於愛河的男女一樣，海明威，尤其是葛爾紅，當時都看不到（也不願面對）這一點。在給羅斯福總統夫人信中（羅斯福夫人（Eleanor Roosevelt）是葛爾紅母親大學的同學，與葛爾紅一生維繫著親密的情誼），葛爾紅快樂地寫道：「我們是佳偶良配，兩人都發狂地想著結婚。」海明威在給葛爾紅的母親愛德娜（Edna Gellhorn）的信中，也寫著：「每當我看到瑪莎，聽到她的聲音，或聽到她如雷的腳步，我就劇烈地感到快樂。能這樣地快樂是何等的幸運！我們從此同在，再也不必單獨面對孤寂。」

然而費滋傑諾的疑慮，也非空穴來風，而終將在現實裡兌現。海明威的確無福消受一位真正有魅力卻必須獨立於他之外的女子，這一對火石與韌鋼終究不能共存，在初時的激情淡去後，火石與韌鋼所磨擦出的，就只有對彼此的互憎了。兩人最終不但離異，且終生以刻薄的惡言相向。海明威對葛爾紅這位唯一主動離他而去的女子，恨意不能一刻稍褪，而葛爾紅的朋友也深知，在她的面前提起海明威的名字，必會引起她的暴怒。兩人拒絕不快樂生活地在一起，卻各自抑鬱地走向了相同的悲劇結局，海明威在多年酗酒與罹患抑鬱症後，於一九六一年舉槍自盡。葛爾紅一生沒有再婚，晚年孤寂悲涼，一九九八年因罹患癌症而吞服安眠藥自盡。

反諷的是，葛爾紅這位一生以追求獨立為目標的女子，最終也只被定位成是海明威眾多的妻子之一。以婚姻及愛情界定女子生命價值的認同方式，一筆抹煞了她在事業上的成就，尤其是她在新聞文學上所處的先驅地位。葛爾紅以女子之身，親身採訪過八次戰爭，在新聞史上不僅是開風氣之先，也立下了後來沒有多少人能超越的紀錄。她的報導文字，在當時文評者的眼中，也都超過了自我中心的海明威。

然而在現今的圖書館裡，海明威的傳記占滿了一個書架的上下幾排，葛爾紅至今卻只有三本傳記，其中兩本還是由同一位作者纂寫，且內容幾乎雷同。卡爾洛立森（Carl Rollyson）先後在一九九〇年及二〇〇〇年出版了兩本葛爾紅的傳記，除書名不同外，後者幾乎是前者的翻版。一九九〇年出版的書名為《勇者無懼》（*Nothing ever Happens to the Brave*），二〇〇〇年出版的書名是《美麗的放逐》（*Beautiful Exile*）。洛立森仍跳脫不出將葛爾紅投影於海明威生命的傳統手法，連第一本書的書名都是引自海明威的《戰地鐘聲》。直到二〇〇三年，卡洛琳摩赫（Caroline Moorehead）才寫出了一本將葛爾紅當成嚴肅作家看待的傳記，這本厚達五百頁的鉅作（*Gellhorn, A Twentith-Century Life*），對葛爾紅不平凡的一生做了非常深入的報導。

雖說葛爾紅被後世的傳記家冷落，但在傳記的數量上與海明威角力，卻絕對不會是她的計較，因為她生平最恨被人採訪描寫，口口聲聲地說過：「作家只該被讀，而不該被寫」。這和海明威時時鼓勵他人神化自己的傾向有著南轅北轍的不同。

然而沈寂的葛爾紅研究領域，卻在二〇〇六年出現了兩本相關書籍，一本是由卡洛琳摩赫所編輯的葛爾紅書信集（*Selected Letters of Martha Gellhorn*,H. Holt, 2006），另一本則是記錄她與海明威中國之行的《海明威在中國前線，他與葛爾紅二次大戰中的間諜任務》（*Hemingway on the China Front,His WWII Spy Mission with Martha Gellhorn*, Potomac Books, 2006）。在了解葛爾紅與海明威的關係上，這第二本書尤有其獨特的重要性。因為他們在婚後立即成行的中國之旅，一方面是兩人的蜜月之旅，另一方面卻也是兩人日後絕裂的肇因。

葛爾紅一生周遊世界，從不畏懼客觀條件的匱乏，即使是在落後的非洲及墨西哥，她亦能安然處之。但她對中國卻從一開始就無好感，且對那個世界裡的髒亂，屢屢有著歇斯底里的反應，中國之行被她列為是一生裡的「恐怖之旅」。晚年她回憶這次行程，寫在一九七八年出版的《我與自己及另一伴侶的行旅》（*Travels with Myself and Another*），在冗長的時間距離下，她才能以幽默調侃的自嘲語調，重述這段經驗。

說來，一九四一年的中國之行，實是葛爾紅的「公務之旅」，海明威只是被勸服了才極不情願同行的「隨行配偶」（葛爾紅在書中稱海明威被稱為UC: Unwilling Companion）。新婚不久，葛爾紅得到《考利葉》（Collier's）雜誌的聘請，前往中國採訪中日戰事，時值兩人新婚不久，海明威極力央求她打消遠行的念頭，葛爾紅不但不依，反而費盡心力勸服海明威同行，最後海明威也從《ＰＭ》要到一紙聘書，一起同行（《海明威在中國》一書的作者莫瑞拉（Peter Moreira）卻認為海明威此行實肩負了間諜任務）。這是葛爾紅的獨立性格在兩人婚姻中的第一次顯現，自然不是海明威能輕易接受的狀況，再加上海明威極不擅長於做配角，尤其是自己女人的配角，這些性格與定位上的齟齬，先天地為這行程開展了緊張的序幕。在中國期間，葛爾紅每因不適應而痛苦難堪時，海明威非但不能以「伴隨配偶」的身份提供適時的安慰與鼓勵，反而一再興災樂禍地強調中國之行與他無關，全是葛爾紅自己的主意。更令葛爾紅氣惱的是，海明威竟絲毫沒有適應上的問題，他愛吃中國菜，更愛異國情調的詭異，不但不像她那麼痛苦，而且有著如魚得水的快活。在給他的編輯普京斯（Max Perkins）的信中，海明威形容中國是一個奇妙又複雜的國家，他有相見恨晚之感。在海明威的昂揚裡，葛爾紅不但失去了一個可以共同抱怨的伙伴，還多了一個不斷在旁炫耀挖苦的對手。

陌生的異域更加速地暴露出兩人在性格上的不同。葛爾紅是一位理想主義者，對世上的不公義有著本能的憎恨，推動她寫報導文學的動力，就是要為社會苦難深重的百姓做出正義的伸張。但她的理想主義卻常是建立在抽象的網絡裡，使她常被過於激進的使命感吞噬，而她天生孤高冷僻的性格，又常成為理想落實的巨大阻力。海明威說她「熱衷人文，卻憎恨人類」，其實非常正確地點化出了她性格裡的矛盾。她一生的痛苦也都是源自那完美理想與齷齪現實間的差距。比如她對中國的反感，極大一部份是因為她先對中國存著過於完美的幻想。這表現在她行前寫給朋友的信裡，每封信幾乎都洋溢著對即將登陸中國的興奮與熱切（路過夏威夷時給母親的信裡寫著：「再過半小時就要登上飛機了，我非常非常地興奮，高興就要起飛了。想像那些名字那些地方都是真的，而我馬上就要到那裡……我才不在乎我們會去那裡，所有的事物都將是新穎，我要看遍一切。」），但是由閱讀毛姆小說所堆疊出的對中國文化古國的想像，到底是和現實有著極大的差距。她的幻滅幾乎是立即的，在給雜誌社老闆的信中她還能強顏歡笑，但在給較親密的好友信中，她則一股腦地披露了她的痛苦：「中國可怕極了，如果你想知道，整個東方都同樣的恐怖，在一個人自生到死都不能打直背脊、一生都在爛泥中求生存的社會裡，我怎能感到安適？」（引自給好友愛倫格佛（Allen Grover）之信）。在給母親的信中，她則宣稱中國一舉治癒了她的旅遊狂想病，中國生活的艱困可忍，生活的枯燥難挨。大體而言，她對中國的失望，並非來自物質的欠缺或現實生活的艱難，而是來自中國人民精神生活上所顯示出的貧瘠，這完全不是她想像中泱泱文化大國應有的氣度。

相反的，海明威是一個和三教九流終日胡混也能心安理得的人，他沒有葛爾紅那迫切的使命感。所以他對中國的異象可以照單全收，且甘之如飴。他的安然給了葛爾紅新的刺激，在幾近是工作狂的葛爾紅眼中，海明威簡直是懶惰不上進，成天只和陌生人搭訕喝酒，而海明威對進出忙碌的葛爾紅，也不忘時時挖苦：「瑪莎又要去為這國家診脈了。」兩人對彼此的不滿，越積越深。

事業心重的葛爾紅，在重慶之後，又隻身前往荷屬印尼，報導該處的抗日軍事佈署活動。海明威被拋棄在後，單獨留在香港，後又獨自先返美國，種下了他們日後離異的種子。

如費滋傑諾所預言，海明威無法容得下一個有自己事業與生活的女人，他需要女人隨侍在側，適時地抒解他的情緒與寂寥。回美途中停留於夏威夷時，他曾暫時放下身段，寫了一封長達十三頁且熱情洋溢的信給葛爾紅，細述自己的寂寞，並央求她不要如此熱中於戰事採訪。他真心地想念著她，在信尾膩稱她為「小頑皮」（Pickle），並俏皮地描述自己如何愛戀著她：「像孔太太（宋靄齡）愛戀著金錢，像羅斯福棧戀他的歷史地位，像蔣夫人（宋美齡）愛做她的蔣夫人。」

但是葛爾紅對他這樣的親暱，已無法有任何反應。回美之後，她仍馬不停蹄地往非洲、英國等地繼續她採訪戰爭的事業，兩人早已貌合神離，直到海明威遇到他第四任的妻子瑪麗威爾緒（Mary Welsh），那對火石與韌鋼已溫降至零，再也擦不出燦爛的火花，而只冷冽地對彼此放出寒顫的清光。中國之行後，海明威在性格上出現了明顯的改變，他惹人厭惡的一面如自大、喜愛吹噓、說謊及攻擊他人等性格，越加地浮上檯面，他對眾妻毫不顧忌地做口頭上的攻擊，而受虐最深的也就是葛爾紅，他不但對人宣稱葛爾紅的寫作能力完全出自他的調教，更惡形惡狀地公開向人描寫葛爾紅的性冷感，及毫無性魅力的身體細部。

然而，在愛恨混合的情感底層，海明威仍是佩服著葛爾紅的才情的。偶爾，他也能暫放出一丁點的慷慨。葛爾紅在國會聽證會上做證的證辭被刊登於《新共和國》（*The New Rpublic*）後，海明威寫信給《新共和國》的編輯史克賓納（Charles Scribner），大大稱讚葛爾紅的識見，並說：「在憤怒與充滿悲憫時，她展現出最好的面貌，但在不能逃避充滿暴行的日常生活裡，她卻顯現出最差的面貌。」

海明威的確有著鑑識他人性格的敏銳觀察力，他也並不是全然不能欣賞堅強與獨立的女性之美，到底他曾在《戰地鐘聲》裡成功地創造了比拉（Pilar）那莊嚴且有智慧的女性角色，比瑪麗亞更叫人難忘，但比拉卻必須是又老又醜，且與愛情無關。愛情的對象只能是那美麗如水，依著男性的需求流出自己形狀的瑪麗亞，或是《戰地鐘聲》（*A Farewell to Arms*）裡的凱撒琳（Catherine Barkley）。她們最終也都要因難產而死，成了為愛殉道的淒美象徵。

葛爾紅卻對「比格梅利安」這則神話做了最透徹的顛覆，她有著瑪麗亞美麗纖柔的外貌，卻有著比拉強韌幹練的內在。她拒絕依照男子的需求勾畫自己的生命藍圖。和比拉一樣，她要講述自己的故事。海明威可以賞識她，卻不能在個人生活中接受她的方式與她的真我。他雖然是世上最了解她的人，但在愛情裡，他卻只能像比格梅利安一樣，一生所愛的，都不過是自己的影子。

廢墟裡的陽光

用現代的語彙來說，《密德鎮》（*Middlemarch*）這本小說的女主角——多蘿西亞布魯克（Dorothea Brooke）——可以稱得上是一位「文藝女青年」了。

「文藝女青年症候群」中最顯著的徵兆，是這些女子與她們青春年華不相洽合的嚴肅與持重。這過度認真的態度，常可溯源到她們對「知識」幾近浪漫卻極其矇矓的憧憬，在渴切的求知心情裡，她們誤以為知識只有嚴肅一途，且必與生命的情趣背馳。選擇前者與棄絕後者，成為一種刻意的生命情調與對知識效忠的手勢。在花樣的年華裡，她們違反自然地展現著一種殉道的生命姿態。然而，在徒有對知識的熱情卻無對知識的鑑識能力下，她們的嚴肅即便是充滿著誠摯，卻仍需諸般造作手勢的支撐，不只是為了昭示世人，更為了要說服自己。

最先出現的，是類似修道士棄絕俗世的手勢，以此拒絕生活中所有瑣碎與膚淺的追求，更不用說她們對女性的虛榮——如衣飾、珠寶、外貌——所表現出的極端輕蔑。在情感上，她們則表現出要為知識犧牲一切的烈士情操，因此她們無視自己情感的需求，而孤注一擲地將感情投射於與知識稍微掛鉤的男子——學者、教授、作家等，並將對知識的熱情，快速地移轉到這些男子身上，誤以為這是超越凡俗的愛情。在她們模糊的認知體系中，知識與智力的追求是屬於陽性的，私己的情感是陰性的，為了陽性的知識，她們必須壓抑屬於陰性且相較之下是次等的愛情。

然而隨著年歲與生活經驗的累積，她們卻逐漸了悟，將自己的情感當成祭品，並沒有為她們換取到知識，而與一位「學者」的結合，更絕不是接近知識的手段。更殘酷的是，她們亦逐漸發現那些象徵知識的男子，充其量，也只不過是個象徵。她們不但未能經由這些男子而接近知識，反而因為接近這些男子而看出了他們的欠缺。原以為的博大精深，只不過是文字的堆疊與枯死知識的反芻，而被她們熱切擁抱的「智性結合」，竟毫無生命的內容可言。

多蘿西亞第一次婚姻的悲劇，即為此種症候的後遺症。她對知識與公益有著天生的熱情，而維多利亞時期對女性種種的限制，使她無法在智性上做進一步的追求，這挫折感，更加強了她對知識的理想化，愛烏及屋，對知識不合實際的憧憬，亦原封不動地移至任何與知識有所沾染的男子身上。初次遇到比她年長二十歲的卡薩爾邦（Edward Casaubon）時，就認定了他是世上最值得深愛的男子，並將自己被壓抑的求知欲望，一股腦地攀附在這位年高望重的老學究身上。她把與卡薩爾邦的結合，幻想成是知識之夢的實現與生命謎題的解答。這亟待解救的心情，其實並無異於神話故事中等待王子出現的公主，循序的仍是傳統男子主動、女子被動的窠臼。

多蘿西亞對卡薩爾邦的「知識水平」不但毫無鑑識的能力，亦無鑑識的欲望。只聽說他終日埋首書堆，研究某個深奧的題目，並企圖寫一部曠世鉅作，就認定了他是可以託付終生的男子。卡薩爾邦向她求婚時，她不僅受寵若驚，並立即展現了文藝女青年的烈士精神，立志要犧牲自己以助他完成那將影響全人類的鉅作。為知識奉獻一切的熱切情操，趨使著她獨排眾議——這是烈士所必有的手勢，也是膨脹情感強度的催化劑——而執意委身於他。在待嫁的喜悅中，她等不及地要與卡薩爾邦並肩完成那本名為「神話索引」（The Key to All Mythologies）的曠世鉅作，並幻想在知識的廟堂裡，自己將成為一名快樂的女祭司。

然而天真熱切的多蘿西亞所沒有看到是，她真正的角色，並不是女祭司，而是一枚祭物。

喬治艾略特（George Eliot, 1819-1880, 本名Marie Ann Evans）在《米德鎮》（*Middlemarch*, 1871）的第一章裡，就對多蘿西亞那文藝女青年的徵兆做了精微的描寫：

> 多蘿西亞的美，是那種因為不注重穿著而使人頓覺舒緩的美……她裝束平實，穿梭在米德小鎮人的服飾中，製造出一種特殊的印象，像是出自聖經的一段金句，抑或是暮年的詩人所寫出的一個詩句。

她的不合時宜，使人憐愛，亦使人為她耽憂。欲與知識結合的熱切，使聰慧美麗的多蘿西亞在沒有認清卡薩爾邦之前，就對他照單全收。她從未考慮到性格在婚姻中所將扮演的重要角色，只一意地將卡薩爾邦假想成一位能幹的舵手，將在無涯的知識之海裡，引她一同尋幽訪勝。

然而卡薩爾邦卻只是一位十分平凡的男子，他蒼白乏味，沒有任何生活的情趣，成日在書本堆砌的城堡中，過著沒有顏色的日子。像其他枯竭的學究一樣，他的情感世界一片荒蕪。他沒有愛人的能力，因為他基本是一個只能顧及自己的人，他假借著知識的光環膨脹自我，並認為別人為自己的犧牲都是理所當然，因為他所投注的是重要的學術研究，所以多蘿西亞的青春，並不是奉獻給他個人，而是對全人類的奉獻。

他用堂皇的知識裝飾出自己高人一等的門面，其實，他所追求的知識卻並不高超。多蘿西亞逐漸發現，卡薩爾邦在智性上的追求，和他的情感世界一樣貧瘠，除了引經據典，反芻前人的說詞之外，他根本沒有任何稍具原創性的觀察或洞見。

喬治艾略特藉著其他角色的對話，如此地描寫卡薩爾邦：

「他的身體中沒有一滴真正紅色的鮮血。」

「就算有，放在顯微鏡下觀察，那滴血裡也只有分號與括號。」

其實更正確的說法，可能是「他的血中只有單引號與雙引號」，因為卡薩爾邦只是一個二手資料的貯存器，除了奴性地引述前人的意見以外，他根本無力動筆寫自己的書。

在義大利的蜜月期間，多蘿西亞有了初次的「覺醒」。短暫的共處，已使她看出卡薩爾邦是一個全然沒有喜悅的人，兩人在肉體與精神上水乳交融的可能，都即時幻滅。在充滿古蹟的義大利，卡薩爾邦毫無實地探訪的欲望，卻情願躲到圖書館裡，在發霉的書籍中，去重造一個二手再二手的古老世界。即使是在學問的領域裡，他也懼怕著直接的經驗。

義大利似乎是喚醒一個人情感智慧的最佳所在。也許是當地陽光中特異的色彩，使人事染上一層鮮明與精銳的輪廓，亦可能是那直接刺激著感官的氛圍，使人不再能滿足於間接的經驗，更可能是因為古今實物並存的周遭，使人對生命及存在有了更深的視野。無怪乎文藝復興運動發生在義大利，而文藝復興運動在本質上就在喚醒人們對身體感官的自覺與認可。除了多蘿西亞之外，義大利亦是不少其他「文藝女青年」夢醒覺悟的所在。我們如果要寫一篇以「義大利與女性覺醒」為題的文學論文，大概可在十九與二十世紀的小說中，找到不少的佐證。詹姆斯（Henry James）的《仕女圖》（*The Portrait of a Lady*）是其一，伊莎貝兒阿切（Isabel Archer）就是在羅馬發現自己所嫁非人，她的丈夫奧斯蒙（Gilbert Osmond），和卡薩爾邦一樣，是一位自我中心且沒有愛的能力的人。此外，佛斯特（E. M. Forster）的《採景之室》（*A Room with a View*, 1907）出版在《米德鎮》的三十年後，女主角露西霍尼徹奇（Lucy Honeychurch）亦是在義大利首先意識到沒有情感滋潤的智性追求是如何地空虛。她最終取消了與另一位沒有血色的「學者」西塞維斯（Cecil Vyse）的婚約，解除婚約時，她曾對他說：「你永遠不可能和任何人有親密的關係，尤其不可能和女人。你把自己包裹在書堆中，因為你害怕生命。現在你也想用書把我圍起來。」

這三部以女性情感覺醒為主題的*Bildungsroman*（成長故事），都選擇了義大利做為它們故事的背景。其實一部以知識——客觀知識、道德知識、情感知識——為主題的故事，恐怕沒有比義大利更適合的背景了，這個所在充滿著歷史、感官、藝術以及自然的各種隱意。

伊莎貝兒與多蘿西亞都不像露西那般幸運，在婚前就能有所醒悟。一旦成為已婚女子，除了繼續留在沒有情感意義的婚姻中，她們基本別無選擇，或不願做其他的選擇的（學者至今仍在咻咻爭論，伊莎貝兒為何拒絕古德屋（Caspar Goodwood）的求愛，而毅然回到人格低下的丈夫身邊）。幸而，多蘿西亞和露西一樣，也在義大利遇到自己的真愛，那就是卡薩爾邦的表姪賴底斯勒（Will Ladislaw）。兩人之間強烈的吸引，自始即在，但礙於傳統禮數的牽制而不能有任何行為上的表現。

占有欲特強的卡薩爾邦，卻立即感受到了年輕的賴底斯勒的威脅。自知不能活過多蘿西亞，竟在遺囑中，惡意地立下條文，言明多蘿西亞再婚的丈夫如是賴底斯勒，她將失去所有的遺產。這樣的條文刻意影射著兩人間有不可告人之舉，是與事實不符的中傷，也顯示出了卡薩爾邦並不十分光明的性格。

最終，自文藝女青年迷夢中清醒的多蘿西亞，選擇了忠於自己的情感，在卡薩爾邦死後，放棄他的財產，而與賴底斯勒締結了快樂的婚姻。

最近決定重讀《米德鎮》，是由愛麗絲西伯（Alice Sebold）在紐約時報上寫的一篇文章引起。愛麗絲西伯就是五年前因出版《可愛的骨頭》（*Lovely Bones*）而一鳴驚人的暢銷作家。她這篇文章寫的是夏日閱讀，描述自己每年夏天重讀老書，像重訪老友，而她的書單裡正好包括了《米德鎮》。西伯在文中提及此次重讀《米德鎮》，使她突然對卡薩爾邦產生無限的同情。這種說辭引起了我的注意，近年來，我對重讀經驗特別有興趣，因為迥然不同的重讀反應經常發生在自己身上。比如中年以後重讀《安娜卡列妮娜》，就不再能與安娜的愛情認同，甚至對她生出些微的反感，倒是對她木納無趣的丈夫生出極大的同情。愛麗絲西伯的自白引起了我的好奇。很想知道自己是否也會像同情安娜的丈夫那樣，開始同情卡薩爾邦這無趣的老學究。

重讀後，我仍難以對卡薩爾邦產生出太大的同情。憐憫是有的。卡薩爾邦的生命到底是孤獨與欠缺的，他窮盡一生所鑽研的學問，最終並不能給他太多的安慰。然而也因為慣受社會寵愛的「知識份子」的身份，反而使他在情感上喪失了自省與成長的能力，最終也只能把自己的不快樂，全都怪罪到他人頭上，才會對賴底斯勒生出那樣大的怨恨。

卡薩爾邦的「學問」，建立在化約的基礎上。研究神話時，他企圖篩濾個別故事，在其中找出一個足滋詮釋全體的理論系統。而他做學問所用的化約功夫，亦被完整地轉移到現實生活之中，於是，活生生的人，必被化約成某種抽象的類型，才有存在的價值。初遇多蘿西拉，卡薩爾邦就立即將她歸類為賢內助的類型，因此是宜室宜家的對象，至於多蘿西拉異於常人的熱情與對知識的憧憬，卻完全不在他的感知範圍之內。追根究底，卡薩爾邦是一個沒有處理「個別」事物的人——不論是個別的神話故事，或是個別的女人。換句話說，對卡薩爾邦這位以化約為認知手段的知識份子而言，事物的個別性或是個人的獨特性格——包括自己妻子的個性——都是沒有價值的。他一生所致力的求知目標，是終極的見林不見樹。

那麼，透過多蘿西亞失敗的婚姻，《米德鎮》所揭櫫的難道是對「知識」的否定嗎？對「知識」盲目的信任，顯然造成了多蘿西亞不幸的婚姻。但在不幸的第一次婚姻之外，喬治艾略特亦在這本小說中，給予了多蘿西亞最終的幸福，並為我們描述了多蘿西亞與賴底斯勒這兩人在情感與智性上的完美結合。所以，《密德鎮》的主旨，並不是對知識的棄絕，而是對知識的重新定義。以多蘿西亞兩次婚姻的對比，喬治艾略特提出超越化約手段的知識新義。真正的知識必須融合一般性與個別性，並與生命掛鉤。賴底斯勒初遇多蘿西拉時，曾鄭重地對她說：「當我看到美與良善的人與事時，我就生出愛心。」這是艾略特所認可的真正的知識——不是化約與推論的結果，而源自情感與本能的判斷。

二〇〇六年，任教於哥倫比亞大學的孟德爾孫教授（Edward Mendelson）出版了一本文學論文集，刻意揚棄文學理論與歷史傳記的取向，而在生命的格局裡閱讀文學作品。這本書的書名是《要緊之事》（*The Things that Matter*），顧名思義，它企圖撥開花俏與聰明的文學詮釋，而直指生命重大的題旨，他引列七本經典小說，以之映照人生七個重大的階段：出生、童年、成長、婚姻、愛情、育兒、未來。這也是對現今文學愈益理論化的一種反動！然而統籌現代文學理論的知識論，其實就是卡薩爾邦所操演的化約過程。現代文學理論，尤其是後現代的文學理論，以化約的手段將獨特的文學作品演繹成某種功能系統、歷史架構、或是哲學體系，卻徹底地否定著文學作品的個別性。

《米德鎮》在本書的「婚姻」一節中被討論。《米德鎮》裡有五對婚姻，如果加上多蘿西拉的第二次婚姻，則共有六樁婚姻。六樁婚姻各有各的式樣，各有各的長處與短處，各有各的了解與誤解，也各有各的無知與相知。作者亦在婚姻的架構中，討論了「知識」的意義。在這格局中，知識不是來自書本或實驗室的「客觀知識」，而是「生活的知識」，也就是喬治艾略特所描述的「真正的知識」：在抽象的通性之外，知識必須與私己連接的，不但要有強烈的個別性，更要有個體的情感自覺。

卡薩爾邦窮盡一生也寫不出那本有關神話的鉅作，因為他拒絕讓有生命的陽光照亮他所研究的古蹟，他選擇在陰暗的圖書館中揣摩廢墟的形狀，因為他害怕日影移動裡的不確定。然而，生命的本質就是混亂與不確定。少去生命的陽光，而僅憑黑影所建構出的理論，不論多麼完美無缺，都僅只能是一個毫無生命的廢墟。

也就是義大利的陽光了！它照亮著古老生命所遺留的痕跡，敲響了歷史的回聲，也喚醒了多蘿西拉、伊莎貝兒阿契以及露西霍尼徹奇。使她們終於走出了文藝女青年無以為寄的年輕熱情，接受並認識了自己情感的本質，以此，她們尋求到了真正的知識。真正的知識賦予她們自由，使她們不但不必棄絕女性的自我，相反的，這新的知識，使她們終能擁抱自我，並能擁抱那她們曾認為是屬於陰性的、次等的愛情。

呼喊的女人

一八九五年十一月，哈代（Thomas Hardy, 1840-1928）出版了他的第十二部小說《無名裘德》（*Jude the Obscure*），書出版後，攻擊之聲，立即從四面升起，激烈的程度不下於一年前才發生的王爾德（Oscar Wilde）的同性戀審判。圍剿《無名裘德》的不僅只有文評家，還有教會的主事，威克菲爾的主教（Bishop of Wakefield）就曾以當眾燒書的戲劇性手勢，來表現對這本書的不滿。

《無名裘德》是一部極端陰沈且充滿絕望的書，發生在主人翁裘德身上的苦難，如冰冷之水，反覆澆灑於讀者心頭，直至滅絕與麻木。書中最引人爭議也最令人寒顫的情節，是裘德早熟的孩子「小父時」（Little Father Time）為減輕父母的負擔，決定勒死年幼的弟妹再自行上吊的敘述，他的遺言只有幾個歪斜且錯拼的字句：「解決了，我們人數過多。」一個年幼的孩子竟將自己的生命視為多餘，更進而提出了那最終極的解決之道，沒有比這更慘烈的對絕望的描寫了。以此冷酷的情節，哈代毫不留情地在社會、宗教、婚姻、家庭的層面上，徹底否定救贖的可能，這不但是對神恩存在的質疑，更是對社會不公義的控訴。也無怪乎這部小說會招來如此激烈的抨擊。

哈代的小說一向以悲劇意識著稱，除了《遠離塵囂》（*Far from the Madding Crowd*）之外，所有的小說都有著極為悲慘的結局，然而就是在哈代充滿悲劇意識的小說世界裡，《無名裘德》亦獨樹一幟，在悲劇的深度與廣度上遠遠地超過了其他的小說，它所描繪的死蔭幽谷，有著全然不同的質地。連尊稱哈代為英國文學史上最偉大悲劇小說家的吳爾夫（Virginia Woolf），也不免對《無名裘德》另眼看待，她以「悲劇」及「悲觀」在藝術視景上的分野為鑑識標準，而認為《無名裘德》是一部失敗的小說：「《無名裘德》是哈代小說中最令人感到痛苦者，也是唯一可被指控為有悲觀情愫的小說，這部小說以過強的議論蒙蔽了印象，刻劃出令人難以隱忍的苦難，這早已超出了悲劇的範疇，而墜入了悲觀的深淵。」

英國當代最優秀的傳記家湯姆玲（Claire Tomalin）在她新近出版的傳記《哈代》（*Thomas Hardy*, Penguin Press, 2007）一書中，也花了不少的篇幅描述《無名裘德》，她將《無名裘德》形容成是《約伯記》的重述，書中深重的苦難，如海浪般不斷擊來，閱讀這部書就如同被人一次又一次地以磚塊當頭痛擊。

也許因為這樣的爭議，《無名裘德》出版後，哈代就決定放棄小說的寫作，而開始專心寫詩。《無名裘德》就此成為哈代在小說文類裡的封筆之作，在剩下的三十年生命裡，他不曾再提筆寫過小說。哈代本人卻拒絕承認這項決定與《無名裘德》所受的批評有關，他堅持詩才是自己的真愛，小說的寫作完全是為生計所做的妥協。而《歸回田園》（*The Return of the*

Native）與《苔絲姑娘》（*Tess d'Urbervilles*）這幾部小說的暢銷，賦予了他經濟上的獨立，使他可以放手自由地寫詩。

而哈代在詩的創作上，竟然也有著與小說平起平坐的成就與產量（晚年才開始寫詩的哈代，一生出版了將近一千多首詩）。繼一八九八年出版的《威塞克斯詩集》（*Wessex Poems and Other Verses*）後，又接連有以鄉村生活及歷史為主題的詩集出版。文評家至今仍在爭論他在那一種文類中的成就較高：哈代到底是較優秀的小說家，還是較優秀的詩人？

吳爾夫在評點哈代早期較不成熟的小說時，已看出他是一位天生的詩人，她說：「哈代是詩人的事實不說自明，但他是否可以成為小說家，則尚待觀察。」在此，吳爾夫所指的詩人氣質，並不僅限於哈代對大自然富於詩意的描寫，她所指的更是深藏於哈代內心那些相互衝突的矛盾力量，如社會規範／自然法則，人世的易傷／自然的靜懿，知識的飢渴／天真的純靜……。與緩慢的小說敘述相比，詩的文體似乎更能承載這些二元衝突所製造出的張力。福特麥道斯福特（Ford Madox Ford）在他的回憶錄《來自生命的畫像》（*Portraits from Life*, 1937）中對哈代棄小說而從詩的事件，也有論斷：「其實英國的小說家都應該轉向寫詩。英國的氣候、語言、心理、對確切的厭惡等，都暗示著詩的平易形式才是較為適合英國小說家的文體……梅瑞狄斯（George Meredith）毫無疑問地是一個較好的詩人；塞柯瑞（Thackeray）可能也是；甚至狄更斯……哈代也是。我深知哈代寫的是非常英國式、充滿幻想、又有一點嚴厲的田園牧歌……介於鄧恩（Donne）及泰布勒斯（Tibullus, 羅馬詩人，54-18 BC）之間。」福特又將哈代的詩與他善於描寫田園風景的小說相比，而稱讚哈代的詩「為人類情感的風景，製造了一個龐大的、可圜視全局的視角。」

在英國文學史上，像哈代這樣腳跨兩種文類，且在每一文類中都有如此成就的例子並不多見。更難得的是，他的成就不僅只在質量與數量上的突出，更顯現在文學史中承先啟後的意義。文如其人，哈代的文學作品巧妙地對映著橫跨十九、二十兩個世紀的生命。

哈代最著名詩作〈沈暗的鶇鳥〉（The Darkling Thrush），寫於一九〇〇年十二月三十一日，也就是十九世紀的最後一天，其對歷史意義的用心已非常明顯。而詩中描述的時代荒蕪感，又在意境上直接呼應著十九世紀最重要的詩作——也就是阿諾德（Mathew Arnold）的〈多佛海濱〉（Dover Beach），但在意象上，它卻又令人想起了另一首二十世紀的重要詩作，也就是艾略特的〈普魯佛洛克的情歌〉。哈代的詩行：「纏結的蔓藤譜寫天際／如破碎之琴的斷弦……大地尖銳的面容似是／世紀陳展的屍首」（The tangled bine-stems scored the sky/ Like strings of broken lyres...The Land's sharp features seemed to be/ The Century's corpse outleant），完全可與艾略特的詩行對讀：「黃昏舖展於天際／如病人麻醉於手術桌上」（When the evening is spread out against the sky/ Like a patient etherised upon a table）。

哈代詩作的現代性及其對二十世紀現代詩派的影響，已被不少文評家用心研究過。湯姆玲在哈代新傳中，卻對他的抒情詩提出了更多的關注與更高的評價。秉持傳記家以生命審視文學的視角，湯姆玲企圖在哈代的生平事蹟裡，找尋這些抒情詩的靈感泉源，而最終將之歸於第一任妻子艾瑪（Emma Gifford）的突然去世。湯姆玲戲劇性地將艾瑪的去世舉列為哈代詩人生涯的分水嶺。《哈代》一書是這樣開始的：

一九一二年十一月一位年長的作家失去了他的妻子。他沒想到她會死，當然他其實有很久沒怎麼注意過她了。他們之間早已無話可談，他愛著另外一個女人，而這許多年來，她也一直避著他，自己睡在閣樓上的一個小房間裡……十一月二十七日的清晨，女僕達莉發現艾瑪有些不對……但艾瑪並沒有訴苦或抱怨，只要求達莉去把哈代找來……哈代費力爬上狹窄的樓梯，一面喊著：「艾瑪，艾瑪，——妳不認識我了嗎？」但她已失去知覺，幾分鐘後她停止呼吸。艾瑪哈代死了。

就在那一刻，哈代成為了一位偉大的詩人。

有如季節的交替，艾瑪的死竟造就了偉大詩人的生。湯姆玲所指的，也就是哈代在艾瑪死後所出版的一組悼亡詩。這組詩後來以《1912-1913詩作》之名出版，並以「舊時火焰的痕跡」為副題，點出詩的悼亡本質。以傷逝與悔恨為基調，詩人在瀰漫著自責的氛圍裡，哀嘆兩人後期的疏離，責備自己對艾瑪長期的冷漠，感傷一切的不可挽回，並浪漫地回憶著他們相愛的過去……他在詩中參雜著自己與艾瑪的敘事角度，遍數記憶的細節：她穿著天藍的毛衣，在一個街角等他；在初識的康瓦爾（Conrwall）海邊，艾瑪騎著馬，一任頭髮在空中飛揚……在生活的每一個角落裡，他都看得到艾瑪的鬼魂，聽得到艾瑪的呼喊。除了傷逝與回憶，他更在重造，渴望用充滿情感的視景，一筆消除兩人多年來的離異與不快樂。

〈聲音〉（The Voice）是這系列中最廣被閱讀的一首，全詩以一鬼魅的呼聲開場，縈繞不去，低迴地回響在全集的每一首詩裡：

被渴念的女人，妳如何呼喊著我，呼喊著我
告訴我今非昔比
妳曾是我的一切，但一切已改
從我們的當初，從我們還是快樂的日子

這些詩所呈現的情感強度，與冷冽的《無名裘德》形成了極端的對比。雖然同是一種悲愴與悔恨，哈代的詩行卻燃燒著白熱化的光輝與灼熱，在回憶裡，哈代似乎找到了在《無名裘德》中完全缺席的救贖。無怪乎湯姆玲認為艾瑪的死是詩人創作生涯的分水嶺，自此，哈代提昇了他的詩作，而成為了一位「偉大」的詩人。

哈代與艾瑪於一八七〇年相遇在偏遠的康維爾。那時哈代還是一名建築師，被派往康維爾執行一項教堂的修復工作，而艾瑪的姐夫正是那所教堂的牧師。與「藍領」階級出身的哈代相比，艾瑪有著較高的社會地位，她的父親是一名律師，父執輩也多是牧師或教師，算是「白領」的中產階級。哈代的父親卻是一名泥水匠，母親婚前曾在富人家裡當過女僕。

社會地位的差距，將在兩人後來的關係中扮演著重要的角色，因為哈代與艾瑪都有著過份重視社會地位的弱點，亦不能超越維多利亞社會勢利與俗氣的價值觀。因此，艾瑪在哈代面前，永遠有一份莫名的優越感，而哈代對艾瑪亦無法完全消除那因階級而生出的敬畏，但這種敬畏，也使哈代對她生出幽微的怨恨。

哈代對艾瑪的吸引力，來自他是「外人」的身份，對於他曾居住於倫敦的事實，艾瑪投注了過多的欽羨，因為那正是自己所嚮往的生活。對於身陷偏遠地區的艾瑪而言，哈代成了海闊天空的象徵。《歸回田園》的女主角尤斯妲霞（Eustacia Vye）可能正是取材於康維爾時期的艾瑪。和尤斯妲霞一樣，艾瑪一心想逃離狹窄的鄉野生活。

艾瑪喜愛文學，有成為作家的野心。兩人興趣相投，在寂寞的鄉間順理成章地成為伴侶，加上身處偏遠之地，暫時逃脫了維多利亞社會男女之間嚴格的分際，情感得以快速發展。哈代離開康維爾後，他們繼續保持通信，終在一八七四年九月不顧雙方家裡的反對，結為夫婦。然而從他們相識的一八七〇到結婚的一八七四年間，哈代的文學生涯卻有著戲劇性的飛升，他的小說開始在史提芬斯（Leslie Stephens, 也就是維吉妮亞吳爾夫的父親）所辦的克恩希爾（Cornhill）雜誌上連載，備受矚目。

照理說，事業有成，有情人又終成眷屬，這應是快樂的開始，然而哈代與艾瑪的婚姻，卻從一開始就是不快樂的。兩人背景上的差距，始終是一個潛在的因素，雙方家庭的敵意，也加重了兩人之間的緊張關係。同時，艾瑪自己想成為作家的夢想不得實現，對哈代如日中天的文學地位有著不自覺的嫉妒感與占有欲，她自認有權分享哈代的成就，於是在人前人後談論著「我們」的小說，這使哈代生出了無比的反感。當然，他們之間最嚴重的問題，是這樁婚姻沒有產生子嗣的事實，這是兩人的心結，也是彼此之間距離越拉越遠的最大原因。

然而最終引致兩人絕裂的，卻是《無名裘德》一書的出版。艾瑪晚年在宗教上越趨嚴厲保守，完全不能接受《無名裘德》這部沒有救贖之光的小說，她嘗試阻止書的出版，四處托人勸說哈代打消出書的念頭。但哈代早已做下決定，並刻意對艾瑪隱瞞出書的計畫，以致面對出版後的軒然大波，艾瑪除了震驚之外，有著更多受辱之感。其實艾瑪對《無名裘德》的厭惡，也並非完全是來自宗教上的考慮。《無名裘德》有著太明顯的自傳成份，主角裘德和哈代一樣都是一名泥水匠，也和哈代一樣都因出身卑微，徒有智性上的能力與上大學的理想，卻不能有實現夢想的機會。最終，裘德是個完全被擊敗的人，社會、宗教、婚姻一起背棄了他。而最使艾瑪不安的，卻是《無名裘德》對婚姻的悲觀寫像，對於做為哈代妻子的艾瑪而言，這無疑是一種間接的指責。

哈代承繼了母親潔敏瑪（Jemima）對婚姻極為負面的看法。潔敏瑪因未婚懷孕而陷入了婚姻的牢獄，她一生都希望自己的子女不要結婚，而四個子女除了哈代之外，也竟然都遵循了她的願望。哈代雖然違逆了母親的願望而結了婚，卻仍信守著母親對婚姻的負面看法，在寫給他所愛慕的漢妮可（Florence Hennicker）的信中，他曾說：「現今女性已被解放，有各樣的機會，如果我是女人，我絕不輕易陷入婚姻制度。」

《無名裘德》出版後，艾瑪與哈代的關係終告絕裂，哈代另有情人，艾瑪則獨自過著自己的生活。令人驚異的是，在這有名無實的婚姻裡生活數十年後，艾瑪的死竟在哈代的生命裡激起如此大的浪潮，釋放出如此強烈的浪漫情感，使他寫成了湯姆玲認為是英國文學史上最優秀的悼亡詩！對這組悼亡詩有極高評價的文評家也絕不僅限湯姆玲一人，英國著名的詩人拉金（Philip Larkin, 1922-1985）亦對這組詩讚賞有加，認為它們有著「脊椎骨一般貫穿全局的思想，每一首詩又個自有著獨特的曲調。」

然而與詩中巨浪式的激情相比，艾瑪的死卻似乎沒有在哈代的現實生活裡激起任何輕微的漣漪。艾瑪死後幾個星期內，他的情人佛羅倫斯（Florence Dugdale）就搬進了哈代與艾瑪共築的「麥可斯門」（Max Gate），不久之後，佛羅倫斯也成為了哈代的第二任妻子。這快速的續弦令人想起了《苔絲姑娘》的結局，苔絲被捕尚未受絞刑前，安爵（Angel Clare）就與苔絲的妹妹麗莎露配成對。哈代似乎並不認為現實裡的悼亡，有太大的意義或太多的價值。

現實生活與文學創作中的兩極態度，似乎也意味著哈代可以清楚地畫分兩者，使之在平行的軌道上互不相交地前進。詩中對逝者表現出的白熱化的思念，完全沒有在現實裡顯現的必要。我們不免要懷疑，悼亡詩中的艾瑪，是否與現實裡的艾瑪有任何真正的關連。那詩中的「她」，其實也許沒有名姓，只是借用了艾瑪的歷史生平。她只存在於哈代的想像之中。

如此說來，第二任妻子佛羅倫斯對這些悼亡詩的嫉妒，也是多餘了。如果佛羅倫斯也早哈代而去，誰又能預料哈代不會同樣地寫出另一組熱情洋溢的詩篇？

佛羅倫斯原是仰慕哈代的文藝女青年，她主動造訪哈代，艾瑪還在世時她就對他展開攻勢。因為出身卑微，佛羅倫斯對名流的過份攀附，成為文壇上的笑柄。毛姆的《餅與酒》（*Cakes and Ale*）就常被認為是諷刺哈代與他第二任妻子的小說，傳言如此之盛，使毛姆不得不在前言裡，一再做著此地無銀三百兩的否認。

其實艾瑪生前的人緣也並不佳。福特麥道斯福特的回憶錄，就對她一無善言。艾瑪一心想成為作家的野心，在男性中心的文壇裡，難免招到冷嘲熱諷。福特第一次造訪哈代時，作家不巧外出，只見到他的妻子，福特刻薄地說：「她強迫我聽她唸自己寫的那些索然無味的詩。」在慶幸哈代棄小說而從詩的同時，福特又免不住要對艾瑪惡言幾句：「我希望哈代成為成功的詩人，如此，他就可脫離妻子的掌控了。」言下之意，數十年來哈代隱忍對詩的熱情，而寫暢銷小說的原因，就是為了要供養他那欲求無饜的妻子。這與湯姆玲理論對照來看，無形間生出極大的反諷，在湯姆玲筆下，艾瑪乃是激起哈代寫出偉大詩篇的靈感泉源，到了福特筆下，她卻成了哈代寫詩的最大障礙！

其實對詩人哈代而言，艾瑪可能既不是繆斯，也不是女巫。她最多也只是一團觸媒，以自己的死激起了哈代最善於處理的悔恨情緒，而造就了那些感人至深的詩篇。詩中的細節雖然與她掛鉤，但詩的對象卻不是她，而是傷逝與悔恨的情緒。艾瑪生前也說過，哈代只了解他自己所創造的女人，對現實生活中的女人，他一籌莫展。隨著艾瑪形體的消逝，他們關係裡曾有的問題——社會的地位、個人的野心、家庭的敵對、傳宗接代的焦慮——亦隨之消失，在哈代的想像中，他們的情感，因為只有精神的向度，所以可以回到最初的清純，而達到了如柏拉圖理念那樣的純粹。其實所有的悼亡詩不都是這樣的嗎？它們所關乎永遠是悼亡者的精神狀態，而非被悼亡者的記憶。蘇東坡的「十年生死兩茫茫……」，雖以亡妻為對象，有著「小軒窗，正梳妝」那樣個別性的細節，但全詩所傳達的卻仍是一種宇宙性的、對時間流逝的傷感。換句話說，哈代的艾瑪悼亡詩，其實只是哈代對過去的投影與重造。詩中那呼喊的女人，來自哈代的想像，與現實的艾瑪，不見得有情感上的交集，又因近乎抽象，那呼喊的女人可以是艾瑪，可以是佛羅倫斯，可以是哈代的母親，甚至可以是一個沒有性別的、叫做「時間」或是「悔恨」的概念與情愫。

「悔恨」的情愫，一向是哈代悲情的中心。他對於「一切都晚了一步」的營造有著特殊的溺愛。《苔絲姑娘》的悲劇，就完全建造在這樣的悔恨之上。當安爵最終接受苔絲的過去，回來尋找她時，一切都晚了一步，更令人悔恨的是，苔絲尚未被誘姦成孕前，兩人曾有一面之緣，有過四目交接的一刻，這為他們悲慘的結局平添上更多的悲愴。這一連串的「假如」——假如他們初次見面、苔絲還是那十六歲清純的女孩時，安爵選擇了她做舞伴……假如在新婚之夜，安爵超越男女貞操的雙重標準，而像苔絲原諒他的過去那樣地原諒了她——在《苔絲姑娘》悲慘的故事情節之後，烘托出悔恨交加的氛圍。而哈代小說的特殊語境，就是建立在這每一步的錯誤本來都可避免的懊恨之上，就是因為可避免卻終不能避免，而更加重了命運的漠然與人意志力的微不足道。《卡斯特橋市長》（*The Mayor of Casterbridge*）裡因酒醉賣掉妻女的主角漢徹德（Michael Henchard），曾有重新尋獲妻女的機會，錯誤似有可被彌補的一刻，但那最終仍然只是一個幻想，一切都晚了一步，悲劇接二連三而來，直至全盤皆毀。

哈代的悼亡詩也正是這種悔恨情緒的展現，他幾乎需要自虐地將自己浸淫在「一切都不可挽回」的悲情裡，才能穩固作品的精髓，那個呼喊的女人是不是艾瑪，已不重要。她只是悔恨之情的配角。

華滋華斯（William Wordsworth）在〈抒情歌謠集序〉（*Preface to Lyrical Ballads*）中曾對抒情詩提出過那著名的定義：「詩是感情的自然流露」（the spontaneous overflow of emotion），哈代的悼亡詩完全符合這樣的形容，但他寫抒情詩的方法，卻完全背馳了華滋華斯所說的「在平靜的回憶中得之」（recollected in tranquility）。哈代似乎執意要讓自己淹沒在悔恨的狂流裡，在女鬼淒厲的呼喊聲中，他才能找到藝術的視景與情感的核心，從而寫出那些鬼影幢幢、回聲漫漫的悼亡之作。

珍妮的畫像

近年來，珍奧斯丁（Jane Austen,1775-1871）的小說似乎特別受到電影界的偏愛，她主要的幾部作品都拍成了電影，有些還有好幾個版本。但基於某種原因，熟讀奧斯丁的讀者，普遍地對這些電影感到不滿。這可能是因為電影與文學在本質上的不同，也可能是因為電影刪減了太多文學作品裡的細節，而造成了讀者意猶未盡的感覺。但奧斯丁的改編對讀者所造成的失落感，卻不僅只是來自細節的喪失，而更是因為奧斯丁小說所特有的敘述聲音，常因媒介的不同而消失在以影像敘事的電影裡。如《傲慢與偏見》開場那睿智與詼諧的宣告——「這是普世公認的真理，一位單身漢在有了財富後，必然會有妻室的需求」——不論如何以旁白穿插在電影中，都僅只是附加與穿插，而不是靈魂與骨幹。而奧斯丁的小說偏偏又多是女子找尋丈夫這類的題材，只有故事而沒有文學質地的改編，一不小心，就落入了通俗言情劇的窠臼。

除了藝術質地的考量外，電影版的奧斯丁還有另一更重大的問題，那就是奧斯丁小說非視覺的特性，與電影的本質是相互衝突的。奧斯丁對視覺效果的缺乏興趣，尤其顯現在對女性人物外貌的描寫。檢視奧斯丁的小說，我們找不到太多有關女性外貌的描寫。因此，以畫面及影像為敘述手段的電影，對珍奧斯丁小說所做的最大「殘害」，就是將書中的女主角在外觀上定型，以此而消損了我們在想像中為她們所保留的特殊地位。

奧斯丁給了我們一群令人難忘的女性人物：《傲慢與偏見》裡獨立的伊莉莎白班拿特，《艾瑪》裡自以為是的艾瑪伍德豪斯，《理性與感性》裡通達人情世故的依莉諾戴序伍，《勸說》裡歷經滄桑的安艾利爾特……我們隨時可以憶起她們的笑聲、談吐與性格，但卻無法清晰地描繪出她們的面容。這並不必然是奧斯丁小說的缺點，反而正是奧斯丁小說引人低迴的原因。這種「留白」，不但給予我們的想像以最大的空間，並容許讀者在心靈中，為小說人物做具有個別性的勾勒。但電影強烈的影像，卻將這氤氳流動的汁液做了徹底的固體化，使人頓生失落之感。不管擔綱的是那一位女星，與我們龐博的想像相比，都只是一個縮寫，瑣碎了在我們想像中不斷滋長的人物。而近期拍攝的電影，除了愛瑪湯普森（Emma Thompson）還算貼切外，其餘的女明星似乎都因過於「漂亮」，而更加重了將奧斯丁小說「言情化」的危險。

其實，輪廓模糊的不僅是小說中的女主角，奧斯丁本人的相貌更是文學史上的一大謎題。我們沒有任何有關她長像的資料，唯一可靠的畫像是她的姊姊克珊蒂菈（Cassandra）於一八一〇年（這時奧斯丁應已是三十五歲了）用鉛筆與水彩所做的素描。這幅畫雖然出自與她親熟的姊姊之手，姪女安娜卻曾一口咬定，畫裡的女人一點也不像奧斯丁。這幅收藏在倫敦國家畫像美術館裡的畫，如有任何可信度，那麼奧斯丁並非美女的說法，恐怕是十分正確了。畫中那個女子十分家常，戴了一頂睡貌，貌邊露出幾撮不整齊的捲髮，嘴邊帶了半個似是而非的微笑，眉頭微皺，像在為什麼事情生氣。不知為什麼，畫中這人透露著一種幾近刻薄的寒傖，令人難以相信她是那位寫幽默豁達小說的作家。當然也有可能，這幅畫所展現的，是畫家能力的缺失，而不是模特兒色相的缺失。

好在奧斯丁沒有生在一個以作者形象為促銷手段的時代，否則她的寫作生涯恐怕要因為容貌而壽終正寢。克珊蒂菈的那幅素描，如果放在書頁上，太概不能招徠太多只看封皮而不看內容的購買者。但是不以相貌為賣點，奧斯丁在幾個世紀中，卻以那些令人珍愛的小說，在英國文學史上建立了穩固的地位。但這顯著的文學地位，仍無法使她豁免於我們這虛容與淺薄的時代所加諸於她的侵擾與羞辱。英國華滋華斯出版社最近重印奧斯丁傳，為了附和才女必須是美女的時代要求，出版社竟對奧斯丁做了巨大的整容手術，以期能有一張較為體面照片擺在封面。美工人員以現代電腦技術，將克珊蒂菈的那張畫像，做了徹底的整修與改造，他們先除去那頂可笑的帽子，再加上許多蓬鬆的捲髮，最後再在奧斯丁的面頰上擦上一層非常女性化的紅粉胭脂。原畫中那隱約的刻薄頓然消失，但隨之而去的卻是那雖然不悅卻還存在的一點個性。現代科技造就出的是一張較為女性化也較為「好看」的面孔，但那卻也是一張僵硬且毫無個性可言的臉孔。一位替奧斯丁打抱不平的作家，將整修後的面孔形容成是「哥倫比亞電影公司的標籤、與羅馬錢幣上的人頭的混合物」。犬儒一點的人更說，這對奧斯丁的改造，完全是要模仿《成為珍妮》（Becoming Jane）這部奧斯丁傳記電影的美艷女主角安妮海瑟薇（Anne Hathaway）。華滋華斯到底還要顧及出版社的地位，不好太過囂張，他們其實真恨不得能乾脆把安妮海瑟薇的美女照放在傳記的封面，魚目混珠，以招徠那些以為奧斯丁是美女而買書的顧客。其實以電影促銷文學早已成為現今出版工業的普遍手法，凡有被排成電影的文學作品重印，放在書面上的，必定是來自電影裡的劇照。既然奧斯丁的小說多已被改編成電影，不久之後，奧斯丁所有的小說大概都會以美麗的女明星做為封面。凱拉奈特麗（Keira Knightley）將成為永恆的伊莉莎白班拿特，而格溫妮斯帕特洛（Gwyneth Paltrow）則是永恆的艾瑪。

華滋華斯出版社的經理海倫特瑞勒（Helen Trayler）對奧斯丁整容的舉動，毫不以為意，她說奧斯丁本就不怎麼惹眼，自然有修面的必要。她更理所當然地說：「奧斯丁可能是最可讀也最能激發閱讀興趣的作家，但把她的照片放在書的封面，卻絕對激發不起任何讀者的興趣。」她甚至揚言，下次出版同樣貌不驚人的艾略特（George Eliot, Marian Evans）時，也將如法炮製，大事對艾略特施行整容手術。

這種說辭難免令人咬牙切齒，更不用說這態度裡所暗藏的性別歧視了。不過在這重色輕才、美女作家掛帥的年代裡，有出版社還願意出版奧斯丁低調且拒絕描繪女人外貌的作品，已屬奇蹟了。這恐怕還是受了那些改編電影的幫助。

對於某些奧斯丁的粉絲而言，她的美醜也的確是一件足以引起焦慮的議題。這些粉絲求好心切，深恐奧斯丁成為作家的唯一理由，只是因為她沒有可以找得到丈夫的容貌。更令人擔心的是，奧斯丁執意寫那些適婚女子找尋丈夫的故事，是不是一種自己得不到的移情作用呢？其實，如果真要循序這樣的思路，那麼做為奧斯丁的粉絲，我們可能還真要慶幸奧斯丁只有「不惹眼」的相貌。因為受拒於婚姻市場，她才能有發揮文學才華的機會。如果奧斯丁「不幸」是一位絕代美女，成為婚姻市場裡的搶手貨，她嫁為貴人婦的那天，就是我們失去這些豐富文學遺產的日子。

相貌平庸對於作家還有一個好處，因為不引人注意，她才可以不受干擾地混在人群中，將人間的姻緣喜劇盡收眼底。就像英國作家克來夫詹姆士（Clive James）所說的：「在舞會上，也許沒有人會注意到珍奧斯丁，但珍奧斯丁卻注意到了所有的人、所有正在發生的事。」

奧斯丁生平有過一位求婚者，她先許諾了婚約，卻在結婚的前一天晚上突然腳冷而解除了婚約。對奧斯丁的粉絲而言，這也是同樣驚險的一刻，刻印著奧斯丁文學作品有與無之間的契機。

然而，在奧斯丁的時代，做為一位嫁不出去的老小姐，必也有它無比的委屈吧！社會的冷眼不說，家人的焦慮必是日日要面對的難堪。奧斯丁的家人一定也表現過某種焦慮，否則我們也不會有另一張奧斯丁的畫像傳世。這幅被稱為「來斯」的畫像（Rice Portrait），是英國畫家韓佛瑞（Ozias Humphry（1742-1810））的作品，據說韓佛瑞受雇於奧斯丁的叔父，畫這張畫像的目的，就是在對外宣傳奧斯丁家裡這位待嫁的女兒。畫中的女子穿了一件高腰的長裙裝，手裡拿了一支洋傘，臉龐紅潤，眼睛圓大，和藹可親，是全力以赴著要討人喜歡的小女兒模樣，與克珊蒂菈素描中那有一點尖刻的女子相去甚遠。看來，每一個時代都有在徵婚照片上動手腳的技倆，在沒有「胡圖俠」（photoshop）的時代，雇請一位稍微願意說謊的畫師是極為必要的。

這幅畫一直被奧斯丁的哥哥亨利的後代保存著，直到最近（二〇〇七年四月）才被提出拍賣，佳士得拍賣場對這畫的估價是八十萬美元，然而在拍賣的當天，卻連一個叫價的人也沒有。奧斯丁慘在婚姻市場與藝術市場中同時被拒。

這幅畫如此沒有銷路，與這畫裡的人是不是奧斯丁的爭議有關。專家從畫中人衣著的風格式樣為基礎，而認定那種高腰的衣服流行的時候，奧斯丁應已是三十多歲的人了，絕不是畫中這可人的小女孩。這是從實物上的鑑定。在更複雜的心理層面，也許沒有任何一位喜愛奧斯丁的讀者，願意接受畫中那漂亮卻有一點諂媚的女孩，會是他們心愛的作者。

這些被修改與謊造的奧斯丁畫像，就像那些由美麗女明擔綱的電影，它們漂亮、討好、親切，卻少了生命的質地與重量。它們也許有助於奧斯丁小說的銷路，但不幸的是，它們可能也是將奧斯丁淺薄化與單向化的最快途徑。

看了電影才去買書的人，能否有耐心把小說讀完，是十分令人懷疑的事。電影有誘發人們「買書」的欲望，卻不見得有激勵人們「讀書」的功效。拜電影與電視之賜，奧斯丁如今已是家喻戶曉的名字，但真正閱讀奧斯丁的人口卻不見得因此而有增加。最近發生在英國的一件趣事，就這樣的一個證明。英國巴斯（Bath）奧斯丁文學節的主辦人拉斯曼（David Lassman），一日突發奇想，他把奧斯丁作品的章節稍做修改，纂編成名為《第一印象》的小說（奧斯丁的粉絲都知道「第一印象」其實就是《傲慢與偏見》的原名），再將文稿投寄給不同的出版社，以探試這些專業文學的編輯對奧斯丁熟稔的程度，他的這部「著作」原封不動地保留了諸多奧斯丁著名的警句，甚至包括了《傲慢與偏見》那出名的開場白。然而收到稿件的十八位編輯中，竟只有一位編輯識破了「剽竊」，其他十七位都以「抱歉，此作不宜本出版社使用」的退稿信件將之退回。看來奧斯丁與現代文壇格格不入的地方，不僅只是她「不惹眼」的相貌，更還有她「不合時宜」的風格。奧斯丁竟遭到了十七位編輯的退稿！唯一識破這場試探的編輯是卡普（Jonathan Cape）出版社的包勒（Alex Bowler），他在回信中幽默地寫道：「我對你的《第一印象》的第一印象，是難以置信與微微的惱怒，時亦忍俊不住，我只能建議你翻開《傲慢與偏見》那本書，我相信它一定就在你的打字機旁，請你仔細閱讀那本書的頭幾個章節，然後嘗試著使你自己的作品，不要太像那些章節。」

奧斯丁的讀者，免不了要對這個事件發出竊笑。得意的是自己可能有著比那些編輯更高超的品味，而值得苦笑的卻是，成日把奧斯丁的名字掛在嘴上的文藝人士，他們所認識的奧斯丁，可能只是電影版本，而在面對奧斯丁的文字時，竟是相見而不相識。

電影對文學作品的貢獻，恐怕也只在書籍的促銷，而非作品的閱讀了，奧斯丁電影所能成就的，也只是將奧斯丁炒作成一枚具有商業價值的文藝標籤，做為沾染文藝氣息最方便與最速成的方式與手段，並給人一種已識奧斯丁的假想與錯覺。然而那些以為看了電影就等於認識奧斯丁的人，應以這十七位編輯的難堪為戒，閱讀——尤其是對奧斯丁這類作家的閱讀——是不同於電影觀賞的經驗，而奧斯丁亦是不能被化約或濃縮的。

這一系列的整容、拍賣與退稿的事件，奧斯丁如果地下有知，不知會把它們寫成多麼好笑的故事。我們為她感到的不平，也就都是多餘的了。奧斯丁並不是一個以相貌為懸念的人，因此也從不在小說中為女主角的相貌著墨太多。而她自己也像她所創造的女性角色一樣，雖然相貌不清，卻有著其他令人難忘的特質。但這些都不是重要的事了，反正奧斯丁的美醜或良善，都不能為我們解說清楚，她的作品何以能有如此的魅力與感染力。要對這樣一位作家提出禮敬，我們也只能細讀她精緻的文字，與細品她文字裡的人生，在笑聲與時有的淚光中，感激她對人世敏銳的觀察，以及在揶揄與微諷中所暗藏的、對人世的惺惜與同情。

海蒂續篇

美國當代極為重要的劇作家溫蒂瓦塞斯坦（Wendy Wasserstein）於二〇〇六年一月過世，享年五十五歲。我所居住的聖路易市本季以「溫蒂城」之名展開紀念活動，用接力的方式在不同的劇院上演她最重要的幾部劇作：《羅森衛格姊妹》（*The Sisters Rosensweig*），《海蒂年譜》（*The Heidi Chronicles*），《美國女兒》（*An American Daughter*）。

瓦塞斯坦的劇作有極重的自傳色彩，也多環繞著「女性議題」打轉，關切現代女性在愛情、婚姻、事業間的取捨，以及如何在社會傳統的壓力與自我實現之間找出一個平衡點。她最成功也最出名的劇作，應屬得過普利茲與湯尼兩項大獎的《海蒂年譜》，這個劇本以編年紀事體的方式，記錄女主角海蒂哈倫特（Heidi Holland）這位成功的藝術史教授從六十到八十年代的生活點滴，以及她對女性主義態度的演化——從六十年代的懵懂意識，到七十年代的積極參與，直至八十年代末期的幻滅與失落。循序舉偶手法，劇作家藉海蒂的個人經驗，描繪了女性社會地位在此二十年內的變遷。

我於今年二月重觀此劇，感受竟與前幾次有著極大的不同。也許是劇作家英年早逝，賦予了這戲某種不同的質地。雖然瓦塞斯坦劇本一貫有的笑聲與淚光交織的特質仍在，充滿機智的詼諧亦仍叫人忍俊不禁，但紀事體所隱含的「尚在發展」的活力，卻因為劇作家的遽世，而蒙罩上了一層歷史的沈靜，使人不得不因傷逝而有著「回顧」的衝動，戲中的場景因拉深的焦距，而頓然有了里程碑的沈重。

當然，這種感覺也許無關作者的遽世，只是站在二十一世紀裡回看上世紀的六十至八十年代，難免有著恍如隔世的遙遠。一方面，近年女性社會地位的快速變化，使這戲顯透著「已為陳蹟」的古舊，但在另一方面，議題雖然不同，戲中所記女性為追尋快樂與自我實現的掙扎，在這個世紀裡卻仍有著強烈的相關性。

表面看來，女權與女性的社會地位在近二十年間的確有著長足的進步。活在二十一世紀裡的高中女生，與上世紀六十年代的海蒂相比，有著絕對不同的生命觀。二十一世紀的女學生多數相信自己可以擁有毫無限制的前景，她們可以選讀任何科系，從事任何工作，也可以懷抱任何的理想。事實上，她們在學校裡的各種表現，早已遠遠地超過了男性同學，美國最好的大學裡，女生不僅超過半數，而且通常有著比男生更優異的成績，許多名校為了保持性別平衡，都不得不降低男生的入學標準，實行有實無名的「男性保障名額」政策。競爭性最強的醫學院與法學院，現也多有超過半數的女性學生。女性在政治與公共領域裡，也有著驚人的成就，美國眾議院有了第一位女性議長，美國與法國有女性的總統候選人，而英國、德國、智利、紐西蘭以及賴比瑞亞也都有了女性的政治領袖。

我們不免要問，這些令人值得驕傲的成績是否足以安慰在八十年代裡曾經幻滅的海蒂？是否足以使她相信自己一生所信仰的女性主義，終有了開花結果的一日？

八十年代末，海蒂未婚，孤獨，很不快樂。她懷疑自己對女性主義的堅持，其實是所有不快樂的根源。對自我完整的執著，使她拒絕下嫁她自己所愛的男子史庫（Scoop Rosenbaum），因為史庫是一個尚未被「解放」、仍然要求妻子為自己犧牲一切的舊男人。她一生的知己彼得（Peter Patrone）又是一位同性戀者，而那些曾經與她一起共同固守女性主義原則的女伴，亦一個一個地「出走」，放棄理想，變得犬儒，最終投入商業界，忙著利益爭奪的事業。面對這一切，她曾有過極度的幻滅與空虛。

但全戲仍以一十分昂揚的語調做結。失望與幻滅的時刻雖在，基本的信仰卻未被動搖。海蒂仍懷抱希望，並期待她的女兒茱蒂能有一個和她完全不同的人生。

《海蒂年譜》最引人爭議的，就是海蒂收養女兒的這個情節了。女兒是她最終重燃希望之火的一個主要的原因。但這行為本身也有它的爭議性，首先，為「自我完成」而去領養一嬰兒，是一種自私的行為，還是一種博愛的表現？其次，海蒂必須藉著領養女兒才能重拾希望的劇情，是否暗示著女性的「自我完成」永遠無法超越傳統的「母性」的環節？

在現實生活中劇作家本人也和海蒂一樣，中年後決定獨力生養自己的孩子，她未婚懷孕，至死都沒有透露孩子父親的身份。這是否是一種自私的行為，則是見仁見智的判斷了。但在戲中，那被領養的女兒，無疑是一個對未來的隱喻，負載著本劇的意義：一個主義的生機，永遠存在於那延續卻緩慢的演繹裡。

戲的最後一個場景是海蒂與史庫的對話，她對這位自己深愛卻不能交付終身的男子描述了這樣的希望：

也許，只是百萬分之一的也許，皮耶（史庫的兒子）和茱蒂有一天會在同一班飛機上相遇……那時，他絕不會告訴她，她的選擇只在有與無之間，而她也絕不會相信，自己的價值完全要建立在他的首肯之上。也許，只是也許，情況會有所改進。如果這樣，我會因此而感到快樂。

然而從《海蒂年譜》首演的一九八九年到現今的二十一世紀，女性是否真正跳脫了那「有或無」的死巷呢？在婚姻的抉擇裡，也許有著程度上的改進，但在其他的領域中，女性卻仍然是在「有或無」之間做著不盡完美的選擇。最明顯的就是養育子女的責任分配問題：女性應忠於工作與自我實現，還是以子女的福祉為首要考量？一位母親應繼續做一個職業婦女，還是應該辭去工作做一個全職的母親？抑或是如許多樂觀人士所說的，兩者其實可以兼得？

最近美國勞工局所發佈的女性工作統計數字，明白地顯示出兩者兼得還是一個遙不可及的夢想。根據勞工局的統計數字，因照顧幼兒而退出職工市場的母親人數，在近十年內有急速升高的現象，而這種激增在教育水準最高的女性人口中最為顯著。這當然是一個社會才力流失的嚴重問題。

外出工作或是留在家裡，是現今美國中上階級女性的一個心結（經濟能力較差的婦女則根本沒有這樣的選擇），也是劃分女性為兩個敵對陣營的最大議題。職業婦女認為家庭主婦的是女性主義的叛徒，而家庭主婦卻認為職業婦女忽視了女性主義所揭櫫的個人抉擇的自由。在這激烈的辯論裡，所謂的「媽咪書籍」成為美國出版界最新流行的次類。最近引起轟動的《女性的錯誤》（*The Feminine Mistake*），以及《展開工作》（*Get to Work: A Manifesto for Women of the World, by Linda R. Hirshman*）就屬於這個次類。《女性的錯誤》在書名上仿效貝蒂弗萊頓（Betty Friedan）所寫的經典之作《女性之謎》（*The Feminine Mystique* ）。作者貝內滋（Leslie Bennetts）認為女性因為育兒而放棄自己的事業，是非常嚴重的錯誤。她所遵循的仍是女性開山始祖的言論，認為做為一個家庭主婦，女性不但不可能得到自我的滿足，並且失去了經濟上的獨立。她的書激起了不少家庭主婦的憤怒，紐約時報對這本書的書評，引進了大量讀者投書，幾乎占了四分之一的版面。更還有一群家庭主婦熱切組織著杯葛這本書的行動。這些被激怒的家庭主婦，多數是為育兒而辭去高薪工作的婦女，她們都受過極高的教育，所以在智性上完全能與貝內滋平起平坐。她們對於貝內滋否定家庭主婦價值的看法很不以為然，並且認為女性能不能在育兒中找到自我完成，取決於個人，貝內滋沒有資格為所有女性論斷，當然最重要的是，她們認為貝內滋違反了女性主義的第一原則，那就是女性的自主權，不管選擇外出工作，或是選擇待在家中，都應被尊重。

其實家庭主婦與職業婦女之間會有如此深切的敵意，也正是因為她們不管選擇了那一條路，都只是一個不盡美的、在「有或無」之間徘徊的抉擇。這不完美的決定引發了她們彼此間的相互猜忌與嫉妒，也使她們有以攻擊對方來說服自己的衝動。不管如何假做快樂，家庭主婦終有未能發展自己才能學識的遺憾，而職業婦女，不管如何相信事業與兒女可以兼顧，永遠有著虧欠母親角色的罪惡感。這是女性情感上的負擔，男人不會有這樣的矛盾。

所以，除非整個社會有解決男女平權的政治決心，在薪資結構、稅法*、育兒資源、女性彈性工作時間等議題上，做出實質的改革，否則不管女權多麼高漲，女性的成就如何優異，所有女性永遠要在個人的層面上掙扎，而命定有那「有或無」的選擇所遺下的失落感。

《海蒂年譜》所記錄的是女性掙扎的前一章，有關婚姻。當阻礙自我實現的是自己的愛人，勇敢的海蒂做下了忠於自我的決定。那取捨雖難，還有可能，但當選擇是在自我實現與子女之間時，那抉擇就不再是那麼單純與容易了。這是女性主義所正面對的一個章節，是《海蒂年譜》的續集。

＊根據美國最近薪資的問卷調查，大學畢業女性的起薪只有同樣資歷男性的百分之八十，而這差距繼續增大，畢業十年後，女性薪水只有男性的百分之六十九。美國稅法並不給予結婚的夫妻任何優惠，女子較低的薪資在支付所得稅與育兒費用後，所剩無幾，這也是許多女性決定辭去工作的原因之一。

同時——桑塔克的遲暮之歌

二〇〇四年因癌症去世後，蘇珊桑塔克（Susan Sontag）在美國社會所得到的注意力不但絲毫未減，可能還與日俱增。除了幾部相關的傳記及評論將於近年內紛紛出籠外，她的成名作《反詮釋》（*Against Interpretation*）亦於二〇〇五年第八度再版。而她第一部「真正的遺作」《同時》（*At the Same Time*），亦於今年（二〇〇七）與讀者見面。其餘私人性的書寫，如日記及信件等，亦都已在出版的作業中。

《同時》之所以算是桑塔克「真正的遺作」，是因她在生前就已開始籌畫此書的出版，如瑞福特（David Rieft）——即桑塔克的獨子——在序中所言，桑塔克對這本書的形態與範疇，早有了十分清晰的構想，所以此書不但展現了桑塔克明確的編輯意圖，亦在本質上與二〇〇一年出版的《壓力墜落之處》（*Where the Stress Falls*），有著極強的類同。《同時》一書收集了桑塔克在不同雜誌出版的散文、以及在不同場合發表的演講講辭，性質甚廣，包括書評、作者專論、政治及文化論述，有著桑塔克散文集一貫的關切與風格。

本書最出名也最引起爭議的，當然是有關911事件的三篇短文：〈9．11．01〉、〈幾個星期之後〉、〈一年之後〉，為此事件在發生的幾天、幾星期、以及一年後，做時序裡的停格。在得以回首歷史的奢侈中重讀這幾篇文章，我們不得不折服於桑塔克的先見與勇氣。在現今美國反伊拉克戰的氛圍裡，她的論點變得如此地理所當然，但是當這些文章——尤其是第一篇——初次發表時，桑塔克還曾被指控為是人民的公敵，在當時沸騰與非理性的同仇敵愾中，桑塔克甚至被謾罵成是賣國賊。然而，本著知識份子的良知與勇氣，桑塔克卻拒絕給予受害者任何道德的豁免權，並膽敢在美國被攻擊時，指出美國妄顧自身責任、而一意將伊斯蘭教邪惡化的懦弱本質。

雖然這些政論文章的寫作，是對文學創作的分心與干擾，桑塔克卻一再堅持知識份子必需涉入公共事務。瑞福特描述母親曾時時悲嘆，這種不得已的「分心」使她沒有寫出更多一心想寫的小說。但是，桑塔克對「責任感」的執著，亦不僅表現在對公共事務的關心裡，在本書所收的諸篇文學論述中，我們亦讀到了她對文學「載道的責任」與「道德的職責」的呼籲，這與寫《反詮釋》時提倡「情色美學」（erotics of art）的桑塔克，似乎有著日與夜的區別。

這種由純粹美學到道德意義的轉向，也一直是桑塔克最引人爭議的所在。批評者用以抨擊她的利器，就是此種在「內容／形式」、「意義／風格」兩極間的搖擺不定。《反詮釋》所楬櫫的，是對文學內容的大反動，在該文中，桑塔克大肆鼓吹文學與藝術不需以意義界定的愉悅，她反對擷取意義的文學詮釋，而提倡與文學直接親炙的「情色美學」，以有性隱意的辭藻來昭示此種文學觀中肌膚相親的快感。從《反詮釋》以風格形式為上的唯美文學論，到《同時》中以責任道德為重的關切，我們的確看到了桑塔克在文學理論上的大轉彎。

與書同名的〈同時〉一文，就是一個以道德責任為文學訴求的例證。本文原是納丁戈迪默講座（The Nadine Gordimer Lecture）的一篇講稿。文章的副題「小說家與道德推理」（The Novelist and Moral Reasoning）點出了演說的主題。文中所舉的一切有關文學（小說）的概論，幾乎全是《反詮釋》一文所立意要推翻的。桑塔克在盛讚戈迪默時，特別強調戈迪默「堅守作家對文學與社會的責任」。她又說小說家與劇作家是「道德的代理人」。文末，她更戲劇性地高聲疾呼：「小說家的職責萬歲！」而所謂的「小說家的職責」，也就是「必要的倫理責任」。

在此，我們所談論的是桑塔克年輕及晚年的兩部著作，其間的對比自然十分強烈。如果細心檢視桑塔克其他的著作，這種轉變就不再顯得那樣地激烈，而實是漸進的演化。在一九九五年再版的《反詮釋》的後記中，桑塔克已企圖沖淡自己年輕時叛逆的反文化姿態，而對那追逐快感的美學立場有著某種程度的修正。她說：「消費資本主義的勝利，提倡著——其實是強加著——一種文化上的混亂及懶惰，而它所護衛的、也就正是我曾鼓吹過的快感。」與其說桑塔克晚年的這些「道德責任」講話，是逆向的大轉彎，不如說她窮盡一生的思辨，而終在兩極間，找到了一種可能的融合。美與真理不再是兩種互相不容的存在，而是相互照映的共存體，美是真理的印證，而最有意義的真理，也只有透過美才能被認知。

這美學的演進，更可在《桑塔克訪談錄》（*Conversations with Susan Sontag*, University Press of Mississippi, 1995）中尋得痕跡。此書收集了桑塔克從一九六九到一九九三年被人採訪的記錄，由於橫跨近四分之一個世紀，隨意地抽取其中各篇，我們就可清楚地看出桑塔克在美感與道德議題上隨著時間的逐漸演變。一九七二年的訪問中，她說：「我相信美感經驗其實就是智性活動，而許多人所謂的智性活動，實是美感經驗。」一九七五年的訪問中，她說：「我多年傾注於道德與美感關係的思索，年事漸長後，這些問題變得越來越複雜。」一九七八年，她說：「雖然我仍是一位醉心於美學的學者，並是一位執著的道德哲學家，但我開始了解，如果只有通論而沒有歷史的架構，美學與道德論兩者都有它們的侷限與踰越。」在一九八九年出版的《愛滋病及其隱喻》（*AIDS and its Metaphor*）一書中，我們讀到了更明顯的轉變，桑塔克駁斥她自己年輕時代提出的「情色美學」中的遊戲成份，而嚴肅地指出：「遊戲而不考慮後果的情慾，是對資本主義必然的重造。」

到《同時》這最後一本書中，桑塔克為美的追求與道德的呼喚，找到了更動人的融合，在〈美的論證〉一文中，她說：「美是將世界理想化的記錄，而企圖將世界理想化的記錄，則屬於人類找尋慰藉的歷史。」同文中，她更進一步地將二者合而為一：「一生一世對美深思所得的智慧，不可能用任何其他的方法求得。」在此，美不再只是那自外於道德、且可比擬於性快感的愉悅，美成為一種精神的慰藉，並是取得智慧的最佳認知途徑。一反年輕時二分與對立的思辨方式，桑塔克不再認為對意義的追求，是對美的棄絕，相反的，正因為對意義最極致的追求，乃通過美感經驗，她因此而賦予美感以更高的地位。在這樣的語境裡，這本書的書名——「同時」——就有了更貼切的意義，雖然「同時」只是桑塔克用以闡述小說時序與空間感的用語，但它亦暗示著對「非此即彼」的否定，而彰顯著「兩者俱得」的包容。

其實桑塔克對道德的最終回歸，應是意料中的事。她對歐陸知識份子涉入公共事務與堅持道德的傳統，一向有著極深的濡慕之情，所以無論她曾經如何遊戲地想擺脫對意義的追索，但在精神的層面上，她永遠不可能掙脫那些一直環繞歐陸傳統的、如邪惡的存在與本質等最基本的哲學問題。

桑塔克對漢娜鄂蘭（Hannah Arendt）就有著極深的崇拜。在一封寫給鄂蘭的信中（一九六七年十二月），瑪莉馬凱希（Mary McCarthy）曾提及桑塔克，寫到她在反越戰的示威遊行中被捕，馬凱希問鄂蘭：「妳覺得她怎麼樣？上次在羅威爾家（詩人Robert Lowell）中，我觀察到她在妳面前的樣子，很明顯地，她想征服妳。或說她愛上了妳——總之，她愛上妳了嗎？」鄂蘭的回信已失傳，所以我們無法得知她對桑塔克的觀感。但桑塔克深受鄂蘭影響，卻是不爭的事實。〈9．11．01〉與鄂蘭同樣引起爭議的《艾赫曼在耶路撒冷》（*Eichmann in Jerusalem*）之間有著太多的平行。兩者都在探討邪惡的問題，兩者都拒絕給予受害者某種道德上的高地，兩者都不畏懼地指出受害者本人對苦難所不能推諉的責任：鄂蘭指出猶太人對大屠殺不自覺的參與及同謀，桑塔克則指出911事件是美國自食霸權主義的惡果。

不僅只是因為迫近暮年，911及新世紀的混亂更加重了桑塔克哲學內省的傾向，她最終仍在鄂蘭這些身經世界大戰的歐陸知識份子身上，找到了思想上的典範。在充滿絕望與喪失的年代裡，桑塔克找回了她良知的聲音，促使她在最後的遲暮之歌裡，提出了有關邪惡及文學責任這樣的大哉問。

花崗岩的年輪

建築與雕塑屬於「空間」藝術，是藝術家在空間的三個向度裡所做的探索，經堆砌、篩選、刪除等過程以營造出最終的藝術視景，作品被定格於空間的那一刻，藝術家的視景就被封凍在靜止的時間之內，美亦完成於時間之外。因為篩除了時間的元素，視景因能恆在，不老不死。正是濟慈在《希臘古瓮頌》（*Ode on a Grecian Urn*）中所歌頌的。古瓮上的少女永遠青春，古瓮上的愛情永遠炙烈，因為情人被停格在慾望的尖峰、兩唇「即將」碰觸的剎那。西斯汀教堂天花壁畫中人與神的手指將觸未觸，封凍在時間裡，亦永遠預示著人神可能合一的救贖。以此，藝術戰勝了時間。

建築與雕塑家林櫻（Maya Lin, 1959-），卻刻意地摒棄著這停止時間的衝動。她的藝術不但不以超越時間為訴求，且刻意地引入時間。她以此顛覆空間藝術在時間真空裡經營建構的取向，並在她對空間的營造中突顯對時間的自覺與意識。也就因為引進了「時間」這第四個向度，林櫻的作品叛逆著傳統空間藝術的美學。它們所激發的，不是對靜懿造型的純粹美感，而是流動的、與人生經驗交集的情感震撼。而她的藝術所追求的，亦不再是封凍於時間之外的不朽，而是流動於時間之內的有機性的不朽。時間因為恆在、且永不停息地運轉，本身就是不朽。

對時間向度的強烈懸念，瀰漫在林櫻所有的作品之中。也是林櫻作品感人力量的泉源。時間向度的介入，使原本靜止的形體有了生命的流動。而對時間深切的自覺，也使林櫻的作品展現著龐大的凝聚力，它們融合空間與時間、固體與液體、靜止與流動，使人在空間裡感到時間，在固態的岩石裡看到液體，在靜止的建築物與雕塑作品裡觸摸到流動。像伐樹人所暴露出的樹木年輪，林櫻的紀念碑與雕塑作品，展現著花崗岩的年輪，它們在空間裡敘述著時間的歷史與記憶。

在《邊緣》（*Boundaries*, 2000）這本書的第一頁，林櫻就講到了時間：「沒有時間這個元素，我的作品無法被真正地看見。」在此，她所講述的雖是雕塑及建築作品被印刷成影像的缺失，但這句話卻意外地成為賞析林櫻作品的警句。我們如果不能融入時間的視角，而只把林櫻的作品視為靜態的空間造型，就將無法捕捉到她作品的真義。

時間的元素，也不僅僅只出現在她早期以歷史及記憶為主題的三座紀念碑：越戰紀念碑（Vietnam Veterans Memorial, 1980-82）、民權紀念碑（Civil Rights Memorial, 1988-89）、耶魯大學女人桌（Women's Table, 1992-1993），時間更是她後來較為抽象的庭園設計及裝置藝術的基石。就連她現今正在幾個城市巡迴展出的「系統景觀」（Systemic Landscape），亦持續著對時間不斷的思索。

林櫻設計越戰紀念碑所引起的爭議，已被媒體詳盡地報導，其實除了最明顯的、因顛覆歌功頌德的傳統模式而倍受責難之外，林櫻在那場爭議中所最費力爭取的，卻是一個如何融入時間的基本設計。興建紀念碑時，多數人為了作業的方便，而建議將陣亡戰士的名字依字母順序排列，林櫻卻拒絕改動原設計中的時間順序，而堅持陣亡者的名字必依死亡或失蹤的時間排列。這看來像是小節的順序之爭，卻牽涉到了基本的設計哲學，對將紀念碑視為「榮譽榜」的人而言，陣亡者的名字只是象徵，便於查閱是最重要的考慮，字母順序因此也成了比較合理的選擇。然而林櫻所要建造的，卻並不是一個自時間裡提煉出來的牌坊，她所要的，乃是一包含了時間與記憶的「經驗」。她在《邊緣》中寫道：「在紀念碑完成之前，我想他們並不能了解我的設計是以經驗與療傷為基礎的。更重要的是，這紀念碑不是為我自己設計，而是為了越戰的退役軍人所設計。名字依時序排列，一位退役軍人在牆上找到的，就不僅只是一位亡友的名字，而更是一個屬於他自己的時段，以此，他才能在這實體的空間裡重造出一個以經驗及情感為內涵的心理空間。」一個名字，是一個時段，是一個小型的歷史，也是一段失去的歲月。而亡者的家屬在撫觸光滑石面上深陷的那個名字時，亦與死者有了時空兩項座標的交流，悼亡者在親密的空間裡，看得見自己反照在岩壁上的容顏，正好與死者的名字重疊，時間以記憶為化身，就在這空間的對映中流動起來。

以六十年代民權運動為主題的民權紀念碑，採用了類似於越戰紀念碑的基本設計，而在磨光的花崗岩上刻記民權運動的重要歷史事件（從一九五四年高等法院對公立學校種族分離政策的判決，到一九六八年金恩博士被刺）。但在形狀上，民權運動紀念碑卻選擇了圓形，並且加上了水的元素。像瀑布一樣的水流，由上而下在紀念碑的表面形成一層薄薄的水膜。流水的靈感來自金恩博士的話語：「直到公理如流水，奔馳而下，正義如偉大之泉源，急湧而出。」編年大事，疊列於花崗岩的圓形邊緣，但在首尾的一九五四及一九六八之間，卻留下極大的縫隙，以示運動未完，因為平權的掙扎仍是少數族裔日日要面對的問題，而對不同族裔的偏見亦仍是人類意識中根深蒂固的一個裂痕。圓形象徵人類為公理正義所做的爭戰，周而復始，無始無終，是對線形時間觀與歷史觀一個異議的沉思。然而在這個以公共事務為重心的紀念碑裡，林櫻仍賦予了觀者以私人參與的空間，當參觀者指向碑上任何一個事件時，他的手指立即在光滑的水面上製造出皺折，像人類在漠然的歷史中所做出的小小手勢，雖然即刻了無痕跡，但接觸時所碰撞出的水紋，雖然微小，卻清楚可見。在流水（時間）與岩石（空間）所建造出的四度空間裡，個人與歷史、過去與現在、此刻與未來，凝聚在手指與水流相交的那一刻那一點。

耶魯大學女人桌延續民權紀念碑的圓形設計與開敞的歷史觀，在磨光的花崗岩面上，林櫻將耶魯大學歷年的女生人數做螺旋形的排列，由中心的0出發，直至四八二三，層層蜿蜒，像一條由細而粗並繼續成長的大蛇，在花崗岩上蠕動出女性社會地位的歷史年輪。

時間在這三座紀念碑設計中的重要性，也非只是來自它們相關歷史與記憶的主題。時間其實是林櫻美學的基石。三座紀念碑之後的幾件大型景觀裝置藝術（如「和平教堂」（Open-Air Peace Chapel, 1988-89）、「浪田」（Wave Field, 1993-95）及「地井」（Groundswell, 1992-93）等）亦都以形狀（波浪）、材料（碎玻璃及泥土）、以及空間的區劃（私有與公有的並列）繼續著對時間的沉思。更不用說紐約賓斯法尼亞車站的「時間之蝕」（Eclipsed Time, 1989-95）那件直接玩味著時間概念的作品了。連林櫻不常設計的住宅建築，亦都表現出了這份對時間的懸念。她所設計的「韋伯之家」（Weber House, 1992-94）亦有著抗拒被封凍與固定的設計傾向，整座房屋不但沒有永久的隔間，而且所有的內壁都可被移動，加上可自由擺放的木製窗板，連房屋的方向與坐標都有了游移性。房屋可隨季節轉向，春季面西，冬季面南，引入自然與時序的變化，並浸淫在時間的流動裡。

正在我住的聖路易市展出的「系統景觀」，是林櫻的新作，也是她對地形景觀所做的更深沈的思索。最主要的三件大型作品「2×4景觀」（2×4 Landscape）、「藍湖通道」（Blue Lake Pass）、「水線」（Water Line）都是根據實際地形勘測的資料，而重造的裝置藝術作品。「水線」是以鐵絲纏結起的雕塑，依循的卻是一座真實小島在海面以下的巨大岩石結構。「藍湖通道」亦真實地依循一座山脈的地形而重造出的模型，完成的模型被切割成塊，在間隔處設置容人行走的通道。

這是一位二十一世紀的藝術家依據科技而得的新知，對地球及景觀生出的玄想。大地像一枚洞石，我們看到的是只是光滑的表面，而不斷思索著時間的林櫻卻決定將那洞石切開，根據衛星圖象及地質勘測提供的資訊，重製那面表之下的巨大結構。層層疊疊的地質，是世紀的沉積，也是整個人種的歷史與記憶，在私人的領域裡，那更象徵著我們心理下層的暗流。然而這「切割」大地的衝動，卻又返回到了林櫻的第一件作品。第一次造訪越戰紀念碑預建地時，林櫻就有著切開大地的衝動，她在《邊緣》中動人地寫道：「我想切開大地，在初時的暴力與激烈後，讓青草重生，傷口癒合。」「系統景觀」是另一樁切開大地的執行，行過被切開的山脈，撫觸糾結在海底的岩石，我們經驗著大地在世紀裡受傷再癒合、癒合又受傷的痕跡，那正是時間在空間裡彰顯的面容。

今年是越南紀念碑完成的二十五周年，每年十萬訪客的數字絲毫未減。越戰榮民雖已逐漸凋零，但年幼的兒孫輩，卻繼續在這兩扇巨大的花崗岩裡，做著他們與記憶及歷史的對話。當初嚴厲批評林櫻的人士，萬萬沒有想到，他們認為辱蔑烈士的低調設計，卻有著這樣歷久彌新的情感內容。而這座紀念碑所印刻的，也早就不只是死者的名字，它所印刻的，亦是代代相傳的情感記憶。位於生死兩邊的容顏相互照映在光滑的花崗岩面上，層層累積，如地球層次分明的岩石沉積，圈畫出屬於我們的年輪。

輯三

議論

意識形態與藝術之間

二〇〇六年奧斯卡的季節裡，華人世界吹起了「斷背山」之風。李安成為第一位來自亞洲的奧斯卡最佳導演獎得獎人，這樣的成就，自然在兩岸三地激起了一股昂揚的自信與自傲，好似手握金色獎座的李安，繼高行健之後又再為華文作者多年未得諾貝爾文學獎的不公義，做了某種程度的平反與伸張。但追根究底，這種渴切被西方給獎系統認可的情結與懸念，當然也只反諷地點出了這昂揚與自信的薄弱。

然而在這一片歡慶聲中，亦有難堪的美中不足之處。為什麼這好不容易使華人揚眉吐氣的影片，卻偏偏有著引人爭議的同性戀故事呢？不少「衛道之士」，公開對李安進行抨擊，認為《斷背山》是在鼓吹同性戀，李安與此掛鉤，簡直是中國人的恥辱。有人以此而立意要杯葛這部電影。這些人士不少是屬於基督教的原始教義派，他們非常有自信地認為自己確知神的意旨，因此可以毫無疑慮地以神之名、對與同性戀予以十分欠缺基督愛心的撻伐，雖然以教導人要謙卑的基督教，在經文裡一再地提醒人們神道的不可知，以人道度神道乃是最大的不虔敬。但他們卻仍然非常有自信地知道神在同性戀議題上的立場，所以在神還沒有機會審判同性戀者之前，他們就急著要趕在神的前面去審判這些犯罪之人。就像《約伯記》的三位朋友一樣，他們苦口婆心地要約伯懺悔，並且一口咬定約伯的苦難必是因罪而遭神譴，他們對神道如何運作有著無比的自信。最終神卻對其中一的以利法說：「我的怒氣向你、和你的兩個朋友發作。因為你們議論我，不如我的僕人約伯所說的是。」謙卑的約伯在極端苦難中，亦從未僭越地自以為知道神的意旨。

以「道德」基底批評這部電影的人，也不僅限於基督徒。有人甚至把道德與不道德在政治上做了左右的兩極化，而認這部不道德的影片之所以走紅，乃李安對左派政治投懷送抱的結果，香港出版的《開放》雜誌上就曾刊登了一篇〈李安顛覆傳統道德觀〉的文章，以政治的左右意識形態痛批李安。該文的作者曹長青先生一向以揭發黑暗面並仗義執言著稱，卻在這幼稚的兩極化思維模式中，提出了許多情緒化的論點，在論理上不堪一擊。從我對曹先生文章多年的閱讀中了解，他在反對共產黨心切下，投入右派政治。但是政治當然不是單純地可以做這樣的二分，蠻橫地以左右兩極的意識形態論事，就像在宗教上將道德與邪惡做簡單的化分一樣，都只是思考上的懶惰。而將意識形態用到藝術的品鑑上，就更顯出了它的粗鄙與神離。

這些「衛道」之士所衛的「道德」又是什麼呢？它們是否有著放諸四海皆準的絕對性與宇宙性？從字源上來講，道德（moral）一字源自拉丁文的mores，是習俗之意。用最犬儒的眼光來看這字源上的演遞，我們可以說世間所謂的道德，也只不過是習俗的累積。用比較理性的方式來解析這字源裡的暗示，我們則可意識到，道德與習俗之間是有分野的。習俗是在某一時空下，眾人約定俗成的規範，它們並沒有宇宙性，也沒有永恆性，只在一時一地基於社會的需要與權力的結構而形成，古時中國男人可以三妻四妾，從前女人結婚要在婚禮上發誓服從先生，而美國直在六十年代以前，不同種族的人還不准通婚，這些習俗都因時過境遷或政治權力重組後而有所改變，並終被更合時宜的新習俗所取代。制約婚姻的規則尤然，因為它們乃與社會的變遷緊緊連接。我們可以在過去數十年間女性主義發跡後，婚姻與家庭的面貌如何激烈地轉換的現象中看出。所以一個社會所能容許或所不能容許的婚姻關係，到最後，也只是權力階級願不願給予的商榷，以及輿論能不能接受的容拒，而並不是如十誡中所詔示「不可殺人」、「不可做假見證害人」等這些有永恆性與宇宙性的道德。歷史告訴我們，社會規範並不是好的道德指標，被社會所容許的不見得就是道德的，不被社會容許的也不見得就是不道德的，美國的奴隸制度以及中國長達數千年的纏足就是最明顯的例子。這對習俗與道德的澄清，無關一個人對同性戀的立場，而只是最基本的範疇界定的問題。如果要用道德這根大棒子來打擊同性戀，對什麼是道德，總應有最基本的釐清吧？！

唯一可以釐清道德與習俗之間界限的，只有對行為結果與影響的衡量，「不可殺人」與「不可做假見證害人」之所以有恆久與放諸四海皆準的絕對性，因為它們是以一個人的行為是否對他人造成傷害做為標準，不同文化與不同時代的人都能接受傷害他人是一件不道德的事，所以衡量道德也就應以一種行為對他人與社會所可能造成的傷害為根據。本著這樣的原則，我們可能要質問，以下這兩種行為那一種對他人的傷害力更大，是同性戀者在不波及他人的私己領域中的所做所為，還是那些狂熱的「衛道」人士急切對同性戀者所做的毫不容讓的圍剿？

這些來自政治、宗教、社會、與道德層面上的激烈反響，加諸於「只」是一部電影的《斷背山》身上，使這部電影真有不甚負荷而終至斷背的危險。但叫人驚訝的是，類似的情形竟還發生在另一部也是「華人之光」的好萊塢電影身上。《藝伎回憶錄》網羅了三位當今最紅的中國女演員，賣座極佳，原應是中國人可恃以為傲的成就，沒想到這部電影卻在中國社會引起了幾近暴力的批判與杯葛，原因無他，只因為這三位「國寶」級的女星，居然自甘墮落，「出賣靈魂」去演日本鬼子！有趣的是，排片期間，也有美國的日裔人士抗議，為何放著日籍女星不用，卻用中國人去演日本人，並搬出了美國人中日不分的無知等等種族上的怨懟。然而，在歐美這種越過國籍的扮演，司空見慣，法國人演瑞士人，義大利人演西班牙人，日日發生，好像也從未引起過這樣的爭論。

反對《斷背山》與《藝伎回憶錄》這兩部電影的理由雖然不同，但這兩件事所反映出的心態卻是一致的。這些批評中，幾乎沒有一樣是基於藝術的尺度，卻完全是本著意識形態論事，所以在杯葛這兩部電影的事件中，我們所看到的，是以意識形態支解藝術的野蠻，對藝術創作過程的無知，以及拒將藝術還諸想像與視景的非人文取向。

其實，把這兩部在藝術的成就上相差千里的影片放在一處討論，就已彰顯了意識形態論藝術作品的荒謬。以意識形態而籠統地批評或讚揚一部藝術作品，最多也只表現了評者自身的理念或沒有理念，與藝術作品的精神毫不相干。那些以仇日或反同性戀為理由的批評者，根本可以不必去看這兩部電影，因為看不看這些電影，他們出自意識形態的講話，都不會有太大的不同。

藝術，尤其是戲劇，有它先天的特質與獨特的創作過程，以先入為主的意識形態來解析藝術的人，通常無視（也可能是無知）於這些獨特的過程，而只一味地「使用」藝術品來渲泄自身不能或移的偏執。

戲劇（電影）的基本特質是想像，而演員工作的第一要求就是作假（make believe），他們的挑戰是把自己變成為一個不是自己的人。除了越過社會階層或國籍，他們有時甚要跨越性別的藩籬，梅蘭芳將旦角演得微妙微俏，莎士比亞時期的女性角色亦全由男子演出。而對《斷背山》以及《藝伎回憶錄》激烈批評的人，卻完全無視這些戲劇的基本特質。他們將三位女演員演日本角色，當成是一個現實生活中具有道德性的選擇，而李安根據他人所寫的劇本導戲，也成了提倡同性戀的抉擇。這就等於說，演一位殺人者的演員是自甘墮落想成為一位殺人者，而導一部以謀殺案為主題的導演，犯了「宣揚」謀殺的罪狀。如此，現實與藝術失去了基本的分界。一位中國女演員演一位日本女人，和一位出身優裕環境的演員去演一個下層社會的角色又有什麼不同？所要求的同樣是揣摩與如何進入他者的演技。而導演的職責則是如何把原劇的精神，用電影的語言做最真誠的呈現。劇本中的情緒立場，也並不必然就是一位導演在現實中的情緒與立場。

其次是形容性（descriptive）與規範性（prescriptive）之間的分野。好的藝術作品永遠是前者，致力於後者的不是藝術作品而只是文宣材料。《斷背山》刻劃一對同性戀者在不為社會所容的情況下，所生的悲劇。它對這種「人類境況」做了情感性的描述，訴諸於人類情感中共通的情愫，以情動之，以藝術性烘托之。但其用心是在形容與刻劃，而不是提倡或宣揚。只根據電影的主題，就將「宣揚同性戀」的大帽子戴在李安頭上的人，只有能力閱讀政治宣傳，卻沒有能力賞析藝術。托爾斯泰的《安娜卡列尼娜》以及福樓拜爾的《包法利夫人》寫的都是婚外情，我們是不是也要說他們在提倡婚外情，有傷風化，而將那些作品列為禁書？

第三是電影的製作程序與導演的角色。把電影的劇情及對話全算在李安頭上的人，不能區分導演與劇作家之間的分別。李安願意接掌這部電影，當然表示了他對同性戀有某種程度的同情，但做為導演，李安所能決定的，也僅有諸如對話的表情與語調、鏡頭呈展的視角等一切有關「如何」（how）的議題，至於影片的「內容」（what）卻早在他接掌導演一職時，就已決定。曹長青先生在他的文章中，雖然認可這一部改編自短篇小說的電影，卻仍把有關同性戀的劇情算到李安頭上，同時他又以一篇短篇小說不可能有什麼情節為論點，而決定這部電影必然是沒有戲劇性的，這種以數量來衡量質量的標準也很令人啼笑皆非。

這就引入了我想討論的第四個題旨。那就是藝術文類的問題。碰巧《斷背山》與《藝伎回憶錄》又都是改編自小說的電影。《藝伎回憶錄》由一部尚可閱讀的小說，蛻變成為一部充滿陳腔爛調且毫無新意的電影，而《斷背山》則將一篇以粗獷筆觸寫成的故事，拍成有迤邐長景卻澎湃著情感暗流的電影。雖然講的是同樣的故事，小說及電影做為不同的文類，也有著各自不同的觸感與質地，不可籠統論之，或混亂地用原著小說來品評改編成的電影。不分文類而只以小說原著來判斷一部電影的好壞，就好像在政治鬥爭中，罔顧一個人的特質，而只計較他的出身成份一樣，都是對人文精神最巨大的斲傷，與對藝術用心最粗糙的漠視。

普爾斯（Ann Proulx）以〈斷背山〉為名的短篇小說，雖然只有三十多頁，但在時空上卻跨越了數十年與數大州，當劇作家奧薩娜（Diana Ossana）初讀這篇小說而將之改寫成電影劇本時，她發現短篇小說反而給了劇作家發揮的空間。因為與改編長篇小說相比，改寫短篇小說的過程是填空而非刪減。普爾斯以白描文風與原始用句，的確給了劇作家填入對白與情緒的空間。所以這部電影的情感強度，可能正是來自原著在情節上的簡略。奧薩娜與她的合作人麥莫迪（Larry McMurty）寫成劇本後有多年無人問津，當奧薩娜聽說李安對這劇本有興趣時，她有著保留，因為她不太相信一個在台灣都市裡成長的人，能夠了解屬於美國西部的空曠與寂寥。後來在他們第一次會面時，李安提到了父親剛過世的事，奧薩娜說，當她看到了李安眼神裡的哀傷，那一刻，她就知道他是能導這部戲的。因為決定能否掌握這部電影的靈魂的，不是對同性戀的立場，或是文化與地域的分際，而是人類情感中所共有的、那份對喪失的深沉哀傷*。

據說這部電影成功之後，有不少的旅客前往懷俄明州，找尋斷背山，當然現實裡根本沒有這座山，連電影拍攝的場景也不在這裡（而在加拿大）。以意識形態框架藝術的批評者，和這些在現實中找尋斷背山的旅客是相差不遠的。他們同樣地都拒絕在藝術的架構中了解藝術，他們硬要把藝術支解打碎，撿拾適合自己的碎片，好將屬於他們自己的真實加諸於藝術之上，不論他們視那碎片如珍寶，或是對那碎片攻之伐之，他們所自以為擁有的，都與藝術無關。藝術也不能為他們做什麼，因為他們從未真正給藝術任何一個機會。

* 出自 Diana Ossana, “Climbing Brokeback Mountain”, *Brokeback Mountain: Story to Screenplay*,（New York, Scribner, 2005）

鄂蘭的《心智生命》與中譯的可能問題

鄂蘭（Hannah Arendt）的《心智生命》（*The Life of the Mind*）是一部沒有寫完的書。

如本書編者瑪莉馬凱希（Mary McCarthy）在「編者後記」中所詳細記載的，一九七五年十二月四日鄂蘭突然去世的前幾天，剛寫完本書的第二卷「意志」部分，而那待寫的第三卷「判斷」，卻只有一張寫著標題及兩句題詞的稿紙，靜靜地留在打字機的捲筒裡。鄂蘭的英年早逝，使得本書思考、意志、判斷三足鼎立的完美建構，徒留缺憾。鄂蘭認為思考、意志與判斷是人類心智生活中三項最基本的活動。這與她早先另一探討行動生活的巨作《人類境況》（*The Human Condition*），將人類活動化分為勞力、工作與行動（labor, work, action）的設計互相對應。

鄂蘭學者瑪格麗特肯諾凡（Margaret Canovan）認為這偏愛三分法的傾向，示範了鄂蘭慣有的、以新分類法發掘疏漏角落的思維方式，而這三分法亦顯現出鄂蘭在思考上的自由無羈，對她而言，傳統的二分法過於簡化，又過於侷限。

當然，本書對心智活動的三分，也隱約地對應著康德的三個批判。「思考」對應著《純粹理性批判》，尤其是康德對理性與知性的區分，以及理性超越求取知識、以追索意義為目的的概念，都在鄂蘭對思考的論述中占著極為重要的地位。「意志」雖未曾出現在康德的理論系統中，但如鄂蘭在第二卷所明言的，意志就是康德的實踐理性，《實踐理性批判》對應著亞里斯多德的*nous prakikos*，軌約如何選取達到目標的手段。未寫的「判斷」部分則又大量取材自康德的《判斷力批判》，因為康德是唯一將判斷視為一心智機能、而為之著書立說的哲學家。在本書所附康德政治理論的講稿中，鄂蘭所演繹的，就是將康德《判斷力批判》中的審美判斷，應用到政治判斷之上。這已然透露了本書未寫的第三章節的可能面貌。

但如肯諾凡所指出的，以分類及範疇來彰顯特性，確實是鄂蘭思考與著作的重要模式，比如在《人類境況》一書中，鄂蘭用以攻擊馬克斯思想的主要論點，就是建立在分類的錯亂上。她認為馬克斯將屬於「行動」的政治活動，錯置於「工作」的範疇內，因而產生了對兩種活動對象的錯誤處理，將複數且有不同個別意志的人類，當成製造工作中那全無本性的材料來處理。而鄂蘭以分類及範疇從事描述定義的方法，也一再地出現在《心智生命》這本書中。比如她使用了時間（思考的現在向度與意志的未來向度，思考的周期時間觀與意志的線性時間觀）、領域（思考與意志的私有性與判斷的公開性）、動態（思考在平靜中發生，意志在平靜時停止）、數量（思考與意志的單數與判斷的複數）、以及範圍（思考對象的普遍性與判斷對象的個別性）等不同的範疇，來區化每一個別心智活動的特性。未寫的判斷一卷，如今僅以附錄中的康德講稿聊以提供一些線索。但即使在這筆記式的勾勒中，我們仍然找尋得到與其他兩卷十分一致的平行脈絡，比如對判斷的公開性與可溝通性的陳述，就直接對應著思考的私有與隱密。對進步及尊嚴在判斷心能中的對立，也呼應著其他兩種心智機能在時間中的定位：意志的未來向度、以及思考的擠身於過去與未來之間、那顛顫且稍縱即逝的現在。

《心智生命》這本書除了是鄂蘭思想臻於成熟的最後作品之外，它在鄂蘭一生以政治理論為研究重心的生涯中，也別具一格，其注意力由外轉內，從政治的眾人事務移向個人私密的內在活動，故也是鄂蘭所有著作中哲學性最強的一部。但鄂蘭到底仍是一位以「眾人事務」為懸念的思考者，所以如她在序言中所述，引發她對心智活動之興趣者，其實是來自對邪惡的本質與邪惡的根源的反省，以及她所懷疑的、邪惡與思考泛乏之間的可能連繫。

這基本的議題，早就被她潛心思考（甚至早於出席艾赫曼的審判）。在一九五四年與本書編者瑪莉馬凱希的書信中，她就已討論到思考在規避惡行上所可能扮演的角色。

面對馬凱希「為什麼我不應該謀殺我的祖父」的問題時，鄂蘭在信中回答道：「這可從兩個不同的觀點回答，一是宗教，一是常理，宗教告訴你，你會下地獄，常理則告訴你，因為你自己不想被殺。但是如果你不相信地獄，也不在乎被殺，那這兩個答案就都行不通。哲學對此的答案來自蘇格拉底：因為我必須與己相處，且一生不能與自己或離，所以我不願殺人，因為我不願意和一個謀殺者共度一生。但這個答案也已不再有效，因為人已少與自己相處了，若無自己為伴，他獨處時，就只能是孑然一身地寂寞著。」

在本書討論思考的部分，鄂蘭對「孤獨」與「寂寞」做下了最清楚的分野，前者是人從事思考的狀況，（在蘇格拉底的「二合一」中，一個人雖獨處卻有自己為伴），而後者則是沒有思考活動存在的孑然寂寞。在這封給馬凱希的信中，她已暗示著思考與選擇避開惡行之間的可能關連。而在她最有爭議性的著作《艾赫曼在耶路撒冷》（Eichmann in Jerusalem）中，這關係更被強化；她拒絕將邪惡浪漫化，而創造了至今在談邪惡時不可能不被引用的辭句，也就是「邪惡的凡常」（banality of evil）。將邪惡由驚天動地的龐然降低至庸碌的無奇，鄂蘭旨在點化出邪惡的後面並沒有任何強大神秘的力量，而只是出於人不願與真實照面的懶惰，所謂與真實照面，也就是思考這心智活動。鄂蘭將納粹的劊子手艾赫曼描寫成一個平庸且唯命是從的小官僚，而非一摧枯拉朽的撒旦，這樣的態度，直至今日還被許多人、尤其是猶太人激烈地抨擊著，他們認為鄂蘭將邪惡瑣碎化了，其實，她的立論不但未將邪惡瑣碎化，反而為邪惡提出了一個真正令人戒慎恐懼的定義，就因為邪惡是如此地凡常，所以它可能存在於每一個人的內裡：邪惡是凡人不經思考與判斷的行為結果，而不是被魔鬼附身或是鬼使神差的造化。所以在她筆下，艾赫曼毫無異人之處，他出奇地平凡，只是一個很負責任執行納粹命令的嘍囉，然而使他能一意執行屠殺的命令而面不改色的原因，就在於反省與思考的泛乏，也就是說他完全沒有判斷現實的意願與能力。

思想的泛乏（thoughtlessness），指的是盲目的依從傳統，使用陳腔濫調，死守宗教或是政治上獨斷的意見。這雖是一種懶惰的存在方式，但卻也是一種極為安全的生活方式，因為它迴避了思考所可能帶來的顛覆的危險。思考因時時對真實做批判性的評估，所以涵帶著巨大的破壞潛力，它隨時可以拆解人們安心擁抱了經年的規則、口號、教條、風俗、習慣，以及固持信念所給予人的確定感。

而思想的泛乏亦不僅止於個人（單數）的層面，它亦可在眾人（複數）的層面上討論。在《人類境況》一書的序言中，鄂蘭就曾談到思想與知識的分離，以及普遍的思想泛乏，可能是現代世界諸般病態的根源。

從對思想泛乏的探索切入，鄂蘭透徹地從哲學傳統中尋找線索，為這三項心智活動寫像。從所謂的理念歷史中找出這些心智活動的衍繹軌跡，以及每一轉折裡的缺失及獲得。

中譯此書是一項艱難無比的工作。困難不僅來自概念與義理的龐雜，更也牽涉到了鄂蘭哲學的隱晦，以及她獨樹一幟的英文文體。馬凱希在「編者後記」中，對鄂蘭的英文寫作有著頗為幽默與溫馨的描述。鄂蘭的母語是德文，直到三十五歲流亡美國後才開始學習以英文寫作，所以她的英文基本上是德意志式的：充滿了以破折號、冒號及關係代名詞接續而成的蜿蜒長句，往往一個句子的主詞與動詞有半頁甚至將近全頁的隔離。這對承載複句能力極弱的中文而言，忠於語勢的翻譯是根本不可能的。所以在中譯裡，為求義理的清晰及中文的可讀，句子必須被拆解成簡單句與合句，犧牲了鄂蘭急切與廣拓的文風。另外的一個難處，則是鄂蘭輕易轉換於不同語言間的習慣，這是上世紀初歐陸知識份子都有的習性，並不是出於刻意的賣弄與造做，而是因為對不同語言熟稔的程度，使他們對表意中的微妙區別，有著極度的敏感。

鄂蘭生前與朋友談到本書的寫作時，總認為〈意志〉是最難寫的一卷。在中譯上，〈意志〉也將是最難譯的一卷。它的難處不只來自意志與自由的議題在哲學上的紛繁；比如十分反直覺的will與nill的持續衝突，nill並非是對意志力的註銷，或是海德格所說的不行使意志的意志（will-not-to-will），nill有著與will同等能量的，是對「不欲」所行使出的意志力，所以必須重創一個如「逆意」的新詞，才能表現nill的能量與方向；此外，當然還有意志在中英文語言中表意方式的不同。意志（will）這個字在英文中的繁複用法與意義，在中文裡完全沒有直接的對應。首先，will在英文裡可以同時是名詞或動詞，指涉著意志力或行使意志力的動作。另外在做為名詞時，亦有大寫與小寫的分別，大寫意志（Will）是叔本華及黑格爾通性歷史所導出的一般及概念上的意志（Will），小寫的意志（will）則是指每一個人內在個別的意志。做為名詞，will還有遺囑的意思——也就是對未來唯一確定的事宜（死亡）所做的指示。而will這個字的現在分詞willing，亦已被慣用為形容詞（willing，是願意的意思）。在字根will的演變下，所有這些與意志相關的意義，在英文裡都有著簡潔的視覺與意義上的連接。但轉移到中文裡，這些方便的符號上的相互指涉，就完全消失了。更重要的是，will在英文中做為助動詞的時候，是一用以表未來時態的助動詞，所以意志心能在時間上的未來向度已包含在語言裡，不說自明，但在根本沒有時態或助動詞的中文裡，除非另外明言，這個向度並不存在於語言中，所以也可能並不存在於中文的思維裡。

本書的書名也有數種可能的譯法。中文文獻中每有以「心靈的生活」之名提及此書。「心智」可能比「心靈」合題的原因，是由於心靈一詞容易引起「靈魂」的聯想，而在本書卷一中，鄂蘭曾刻意地區化著靈魂（soul）與心智（mind）之間的不同。而將「life」譯為「生命」，而非「生活」，也較能點化出這本書所涉及的寬廣領域。是因為「生活」的主詞只可能是人，所以心靈或心智生活，只能指涉「人」所從事的內在生活。「生命」的涉意就廣闊許多，它不僅可指從事那些心智活動的人的生命，同時亦可以是那些活動本身的生命消長，也就是鄂蘭一心要描述的心智活動的現象。

翻譯哲學著作本就是非常困難的事，翻譯鄂蘭的著作更難，原因已在上篇述。這翻譯的工作，對鄂蘭本人都曾是一項挑戰。照理說，將她德意志式的英文譯成她的母語德文，應是得心應手的事才對。然而在將《人類境況》英文本譯成德文本的期間，鄂蘭卻在一封給馬凱希的信中描述譯書之苦：「我天天詛咒神明（I curse god everyday）。」試圖中譯鄂蘭的人應把這句話該放在桌前當座右銘，除了激起「甜蜜的復仇」中所可能有的一點快感之外，做為鄂蘭苦悶的同儕，也是能激發人繼續奮鬥的一種鼓勵吧！

意圖的謬誤

「意圖的謬誤」（Intentional Fallacy）在文學批評的領域中，已經不算是一個新的辭彙了，它所指控的，是以作者意圖為統領的文學閱讀與文學評鑑。最先提出此一概念的是威姆塞（W. K. Wimsatt）與畢滋禮（Monroe Beardsley）。「意圖的謬誤」一詞，出現於兩人發表於一九四六年的一篇同名文章裡。在該文中，威姆塞與畢滋禮開宗明義地直陳：「作者的設計與意圖，不但不可尋得，在品鑑文學作品的成敗上，亦毫不相關。」因此，以作者意圖為基礎的文學閱讀與文學評鑑，是一種謬誤。（intentional fallacy在英文裡有模稜的複義。做為名詞形容詞，intentional指的是與意圖有關者，在這語境裡，intentional fallacy就是用意圖來解釋意義的謬誤，但是做為純粹形容詞時，intentional卻是「有目的性或故意」的意思，而intentional fallacy在這用法下，就成了「故意犯下的錯誤」。威姆塞與畢滋禮所指的當然是第一種意義。）

將作者的意圖自文學閱讀中抽離，是承繼著剛萌芽於一九二〇年代的「新批評」（New Criticism）的精神。新批評揭櫫文學作品的獨立性，作品一旦完成，就不再「屬於」作者，它的意義不但不需要驗證於作者，更可以完全「不假外求」地取得於文本。據此，新批評主張文學閱讀應擺脫「外緣」因素的干擾，而聚焦於作品的內在。所謂「外緣」因素，即是那些與作品的藝術性並無直接關係的訊息：如作品來源的考據，作品書寫的時代歷史，或是作者生平事蹟等等。「意圖的謬誤」否決作者意圖在作品閱讀上的相關性與權威性，亦是擺脫「外緣」因素的一種努力。

在文學史的背景裡，我們不難看出新批評這種「反作者」的情緒，實是對浪漫主義的一種反動。而一部文學批評史所記錄的，也不外是文學態度在兩種藝術生成論間擺盪所遺留的軌跡：在一端，我們有古典主義「摹擬」（imitation）的藝術觀點，另一端，則有浪漫主義的「表現」（expression）藝術觀。前者將藝術創作的源頭設定於某種客觀的體系之上，後者則將一切歸諸創作者。綜觀文學史上出現的不同理論，每一種新興的文學理論都必然是對先前盛行文學理論的反彈。在講求嚴格規律的古典主義之後，浪漫主義興起，旨在打破令人窒息的規範與制約，轉而強調個人情感的自由表現。當浪漫主義以個人為主導的文學取向發展到了濫情的地步時，另一股像新批評這樣的反動力量升起，棄絕作者龐大的人格，並將重心重新拉回作品本身。新批評雖然並不是完全地返回古典主義，但在精神上，它為文學作品畫上界限與藩籬的努力，卻與古典主義相親，兩者均本著文學乃「摹擬」的信念，而執意以客觀標準杜絕「表現」為本質的文學所造成的情感氾濫。

「表現」的藝術觀視作者為藝術發生的緣起，無異於創造萬物的真神，據此，藝術的賞析與文學的閱讀，亦必然以創作者為唯一的依歸。於是，作者的意圖、作者的靈感來源、作者的生平事蹟等，就成為賞析文學作品的必要條件。在這無作者即無作品的文化氛圍下，要建立文學作品的獨立性，新批評必先攻訐作者壟斷文學作品的缺失，而威姆塞與畢滋禮提出「意圖的謬誤」的基本立意，也就在矯正浪漫主義給予作者過份崇高的地位、以及將作品與作者合而為一的文學賞析態度。在「作者，作品，讀者」這鼎立的三環裡，他們企圖將重心由作者移向作品與讀者，他們不但為「作品」提出了自外於作者的獨立宣言，亦以強調「讀者」有不受制於作者意圖的自由，以此建立了讀者在閱讀上的個人特權。而將作品自作者的長影下搶救而出的第一步，就在於證明「作者意圖」其實是虛幻與不可恃的，也因其不能被精準地掌握，作者的意圖也就無法做為品評文學作品的有效根據。「意圖的謬誤」所倚恃的兩個中心論點，正是作者意圖的「不可得」與「不相關」。

威姆塞與畢滋禮以歌德（Goethe）的「建構評論」（constructive criticism）為例，示範以作者意圖為基石的文學評論所可能產生的困難。歌德的「建構評論」循序浪漫主義以作者為依歸的傳統，而將藝術作品的成敗定位於三個環繞著作者的問題：(1)作者所想表現的是什麼？(2)他的設計是否合理可行？(3)他是否成功地執行了他所企圖表現的？歌德認為我們可以依據對這三個問題的答案，評斷出文學作品的優劣。所以，如果一位詩人想以無韻詩寫出一部人類墮落的史詩（作者所想表現的是什麼？），這似乎是一個可行的文學計畫（他的設計是否合理可行？），而他最終果然寫出了一部合於格律的史詩（他是否成功地執行了他所企圖表現的？），基於對這三個問題的答案，我們可說這是一部成功的文學作品。

此種取向完全在作者的目標與實踐之間做比照與評分，而不參照任何客觀的標準，已然顯現評估作品優劣的不足。然而更大的問題，卻還不在客觀標準的欠缺，而是更基本的、如何確立作者意圖的難題。因為，除非作者在作品之外，清楚留下旁白，或在日記信件中明白交代，做為讀者，我們如何能得知作者的企圖？一般所謂的作者意圖，多是反向地由作品揣測而出。是讀了《失樂園》之後，我們才能反向地說出米爾頓的意圖是在寫一部無韻體、講述人類墮落的史詩。但這逆流而上的過程，因為只是一種揣測與推理，並摻雜了太多文評者自身的主觀詮釋，所以有著極大的精準度與可信性的問題。歌德以作者意圖為基礎的文學評論，在第一個問題上，就出現了不可回答的難堪，亦使整個評估系統，因為缺乏評斷的基礎，而無法穩固地落實。

其次，歌德天真的評鑑公式假設著作者的意圖必然是文學性的，所以才能做為文學評鑑的基礎。然而在現實中，「作者的意圖」卻有著太多文學以外的面貌，它早已超越了諸如：「我要寫一首兩百行的抒情詩」、「我要寫一個青年成長的小說」、「我要表現人與人之間的疏離」等純然的文學計劃，而有著與文學毫不相關的訴求：有人寫作是為了出名，有人為了賺錢，有人為了他人的讚美，也有人只是為了個人的情趣與陶冶。我們如何以這些繁複意圖的是否被達成，做為文學作品成敗的論斷基礎？一部以登上暢銷榜為創作動機的小說，是否因為最終未能暢銷而被斷定為失敗？反過來說，一位作者以登上暢銷榜為初衷，卻寫出了一部在藝術上極有成就的傑作，那麼這部作品的成敗，是應該以作品在藝術上的成就定位，還是以作者意圖的是否達成來定位？或說文學史上眾多情詩的寫作初衷也許無關文學，只為抒發己情或是取得美人芳心，如果芳心未獲，卻成就了不朽的詩作，我們是否要以作者意圖唯是的方法，而斷定這些不朽詩作的失敗？簡單的幾個例子已然顯現出以作者意圖為品鑑標準的尷尬：作者的意圖既然難以被清楚地界定，怎可能在文學賞析上有任何的用途？

除了作者意圖可有的複雜面貌之外，現代心理學更為「作者意圖」蒙上了一層難以解析的迷霧。根據這些理論，尤其是佛洛依德對潛意識的新觀，藝術創作的源泉常潛藏於作者清醒意識的下層，不用說文評者，就連作者本人都不見得能清楚地知道自己的意圖何在。這為作者意圖的飄渺與不可得，又添加了另一視角。據此，我們難以不對那些自以為掌握住作者意圖並從作者意圖出發的文評者，生出質疑。

作者的意圖既然無法被明確地掌握，也就更無法用以做為定奪作品好壞的標準了。一個射擊手，如何瞄準一個游移的靶心？但是，威姆塞與畢滋禮的第二個論點——作者意圖無關文學評論——是否只能在作者意圖不可知的假設下才能成立？如果作者曾清清楚楚地言明了他的意圖，那麼作者的意圖是否仍然是不相關的呢？換一句話說，作者如果曾明確地陳述了自己創作的意圖，甚至舖陳出自己意欲表現的意義，那麼作者的說辭，是否應該是文學作品「最合法」的解讀方式，以及批判該作品的「唯一」指標？

威姆塞與畢滋禮在作者意圖「不相關」的部份所欲爭論的，其實正是這極端的、作者意圖被言明的狀況，也就是說，即使作者本人曾清楚言明意圖，以作者所陳述的意圖做為品評文學作品的標準，仍然犯了「意圖的謬誤」。他們的論證可由幾個層面來說明。第一，藉用現代心理分析的理論，我們可以說作者自己闡明的意圖亦不是全然可信的，因為他們不見得對自己的意圖有著完整的了解。第二，作者對自己意圖的闡明不見得能涵蓋作品的全局，否則作者何以需要寫那部意義早已言明的文學作品，而不以意圖宣言代替作品？第三，讀者對文學作品解讀，就算與作者所陳述的意圖相背馳，仍應有較高的合理性。因為作品一旦完成，就落入了公眾的領域，在作品的詮釋上，作者並不享有任何優於他人的特權與合法性。

不管我們是否同意威姆塞與畢滋禮完全摒棄作者意圖的觀點，不可置疑的是，這樣的文學取向的確擴展了文學閱讀的領域，使之不再被作者的人格與意圖所壟斷，並藉此釐清了浪漫主義以作者人格為是、所遺留下的許多文學批評上的問題。

比如郎吉弩斯（Longinus）在《論崇高》（*On the Sublimity*）中所說的「崇高是一個偉大靈魂的回響」。這是一個典型的、將作者與作品合一的浪漫主義的概念，在這樣的藝術視野裡，作品無它，只不過是作者人格的流露，也就是我們慣常說的「文如其人」。循序著這樣的等式，我們可以說一部偉大作品的作者必有著偉大的人格，而低劣的作品必出於人格低下的作者之手，或說，有著偉大人格的作者必能寫出偉大的作品，而人格低下的作者就只寫得出低劣的作品。將作品的優劣與作者人格高下劃上等號所引出的各項推論，在最表面的思辨中已然透露了某種混淆。很明顯的，這種論斷將並不必然相屬的道德批判與美學批判摻雜於一處了。人格的高低屬於道德的批判，而作品的優劣則屬於美學的批判。屬於道德的尺度——如誠實、慷慨、忠懇等等——如何運用到文學賞析的美學之中？在實際的運用上，此一等式亦出現了難堪之處，因為它所暗藏訊息是「努力修養人格，偉大作品必應運而生」，而毫不提及文學技巧與藝術視野的存在，不但對文學閱讀毫無助益，對文學創作亦無實際用途可言的。

令人驚異的是，在新批評理論彰顯此種謬誤的數十年後，將作者與作品合而為一的觀點，依然四處瀰漫。這也許是埋藏於人類潛意識裡的原始衝動，無法做理性上的糾正，而更可能的解釋是，拒絕面對「意圖謬誤」其實是一種智性上的懶惰，所以在不事思考的本能掛帥時，此一謬誤必傾巢而出。那似是而非的「人如其文」的陳腔濫調，雖然在思辨上沒有多少立足之點，卻仍有著龐大的吸引力，是最易使人照單全收的取向。因此，這個方便且不必太費力論證的等式，提供了一個以批評作者的人格來批評作品的捷徑，文學批評有如政治鬥爭，打倒作者，就等於打倒了作品。一旦在道德上被貶抑成惡人，其藝術創作就不值一顧，有誰膽敢說希特勒的詩作與畫作有藝術價值？因為醜惡的靈魂，只可能製造出醜惡的作品。

這「因人廢言」的文學取向，更成為那些不能（或不願）就作品論作品的人攻訐自己不滿的作者或作品的方便藉口。我就曾在一個文學會議上，聽到一位學者以此種方式對「在美國用英文寫中國故事」的中國作家大肆攻擊，他所依據的並不是這些作品在文學上的缺失，卻是這些人不甚高尚的企圖：他宣稱這些作者的意圖無他，只在出賣異國情調求取己利而已。據此，他定下了這些作品沒有任何價值可言的結論。本著「意圖謬誤」的觀點，我們立即可以看出這種批評裡的問題。首先，本著威姆塞與畢滋禮對作者意圖「不可得」的論點，我們可以質問這位文評家，他如何可以確切地知道那些「在美國用英文寫中國故事」的中國作者的意圖為何？那所謂的「出賣異國情調」，充其量，也只是這位不滿的文評家自己做出的一廂情願並十分不負責的推測，而他提出這毫無證據的假設，為的也只是要「證明」他所提出的負面批評。所以，這是用自己的推想證明自己的假設，是一種自說自話的指控，而算不得是文學批評。第二，就算這些作家有著這位文評者所說並不高尚的動機，那些動機是否就是作品拙劣的必然證據？不高尚的寫作動機，是否就一定成就不了文學上的傑作？文學史上有多少經典之作，是作者在飢寒交迫時為維生而寫，「為錢而寫」當然不是什麼高尚的動機了，我們難道必須以此來否定這些作品的價值？如果一位作者寫作的唯一動機只是名利，但他最終寫出了一部可以傳世的傑作，那我們是否要因為他並不高尚的動機，而漠視他作品的優異性，或本著作者低下意圖，而將其作品斥為低下？

以攻擊作者的動機來攻擊作品，不僅是一種智性上的懶惰，更是一種變相的人身攻擊，不但對作品的評鑑一無貢獻，反而正示範了「intentional fallacy」在英文裡的另一層意思——那是「故意的錯誤」與「有意的中傷」。

文學作品的評斷到底應根據作者意圖或是作品本身的爭論，似乎可在哲學家在倫理學的討論中找到一個平行的例子：道德判斷應依據行動者的意圖，還是行為的後果？如果一個有著良善動機的人，他的行為對他人造成傷害，那種傷害是否可因當事者「並無惡意」而獲得豁免？抑或是，道德的裁決根本不應考慮行為者的意圖，而全然以行為所造成的後果判決？這種對立已經隱藏在由柏拉圖與亞里斯多德分別為西方哲學所樹立的、以理想或真實為依歸的兩大陣營之中。康德就認為道德的評斷，應取決於人的意圖及動機，而不必考慮行為的後果。然而，杜斯妥也夫斯基卻在《白痴》一書裡，對這種觀念做了最大的顛覆，主人翁密希根（Prince Myshkin）出於善意的種種行為，卻有著慘烈後果，並為眾人製造了最大的痛苦。「意圖」與「後果」的辯證瀰漫著倫理學的歷史，當然不是我這篇文章所要討論的。只是藉之來點亮與它同樣方興未艾的、在文學領域中的另一場辯證。

隨著現代心理學的發展，人的動機益愈不可定位，道德倫理的判斷亦就越趨於以行為的後果做為唯一的考慮。而「意圖謬誤」的提出，亦可以算是二十世紀文學理論史宣佈作者死刑的肇始，到一九六八年羅蘭巴特（Roland Barthes）發表〈作者之死〉（*The Death of the Author*）

一文時，作者的死刑就被徹底地執行了。就像文學史上所有的運動一樣，後現代文學理論亦是對新批評的反動，它們所要解構的，是新批評處心積慮所建立的作品與閱讀的獨立性，後現代主義除了以宣稱「作者已死」而徹底地除去作者的存在之外，他們亦否定了讀者的個別閱讀權，在結構主義與新歷史主義的旗幟下，文學作品不再是一獨立自足的個體，而是應被拆解成建構系統與功能的元素。

然而上世紀二十年代的新批評與七十年代漸興的後現代文學理論，都不足以將「作者」自大眾意識中徹底地剷除。通俗文化對名流崇拜的的狂流，甚至反向而行地澆灌著人們對「作者」的興味與好奇。在當今的出版業中，作品與作者合一的回憶錄，成為最暢銷的文類，而即使在虛構文學類中，讀者對作者的興趣似乎也超過了作品本身。為滿足這對「作者」的懸念，作者為作品的做秀打書，以及媒體對作者的專訪寫真，亦成為出版文化中最新盛行的促銷手法。看來，威姆塞與畢滋禮在半個世紀前提出意圖謬誤的用心，不但未能在大眾意識裡發生太大的影響，讀者渴求作者意圖以做為閱讀指引的欲望，反而有著越演越烈的趨勢。

碎心人與馴馬師

蕭伯納（George Bernard Shaw）寫成於一九一九年的劇作《碎心之屋》（*Heartbreak House*），去年突然在美國流行起來，有紐約、西雅圖、克里佛蘭等地的劇院先後上演此戲。我居住地的聖路易劇院（St. Louis Repertory Theater）也以此劇做為二〇〇七年的開檔戲。這部戲突然這樣受到重視，大概是和美國深陷伊拉克戰事的現況有關，因為《碎心之屋》一向被認為是蕭伯納所有劇作中，反戰精神最強的一部。

但是完全沒有閱讀「背景資料」就去觀賞此劇人，卻很難在劇情裡感到所謂的「反戰精神」。全劇不但對戰爭隻字未提，而且從劇情看來，似乎只是一齣充滿著睿智對話的輕鬆喜劇，幾乎可與王爾德（Oscar Wilde）那些玩世不恭且盡情耍弄聰明的劇作，歸成一類。

這是一齣典型的「客廳劇」（drawing-room drama），劇情全以在「客廳」聚會中發生的事件與對白為骨幹，而聚集於「客廳」內的，也多是來自上層社會的悠閒之士，他們有不凡的文化素養，所以可以引經據典、出口成章、使用著漂亮銳利的語言，但因為不必操勞生計而有太多閒暇，他們也常被困在無法打發的無聊與倦怠裡，群聚一處時，也就不過患漫地談天說地，嚼舌譏諷，在語鋒裡比聰明，或是打情罵俏，以戀愛及失戀來填補生活的空虛，以想像的「心碎」來增添一點心靈上的刺激。劇中於是出現了令人目眩的愛情重組與配對，各個角色快速地棄舊愛結新歡，頓時「心碎」之人遍佈客廳，使這屋舍成了「碎心之屋」。

但愛情卻只是這些劇中人在無聊中找尋的消遣，心碎也就只有作戲般的造作，除了年輕的愛麗鄧（Ellie Dunn）之外，這些心碎情事說來都十分可笑，喜感多於悲情。如老船長對那為要戀愛而戀愛的女兒所說的：「想要心碎，妳總先要有一顆心吧！？」但這些劇中人，在愛情與其他事上，卻多是無心的。最終，由這些瑣碎的心不在焉所堆疊出的劇本，除了長串令人愛不釋手且可大被引述的聰明對白之外，並沒有重要的情節線索。

故事發生在沙特渥爾老船長（Captain Shotover）的客廳裡（一座依船形所建的房子）。這位老頑童似的船長，一生航行世界見識寬廣，如今老邁，糊里糊塗，語無倫次，不知真是年老痴呆，還是借老裝傻。他有兩個已婚的女兒，大女兒艾莘妮（Hesione Hushabye）是個語不驚人死不休的自由派，活脫是一位趕在時代之前提倡性解放的嬉皮。二女兒艾比（Abby）則是另一個極端，她勢力保守，早早嫁了一個有頭銜的貴族，成為很有社會地位的阿特伍女仕（Lady Utterword）。幕啟時，我們最先見到的是艾莘妮請來的訪客愛麗鄧（Ellie Dunn），崇尚愛情自由的艾莘妮一心想破壞愛麗將要締結的一樁有金錢卻無愛情的婚姻。在艾莘妮的追問下，愛麗透露自己已有一位心上人，然而一番轉折後，愛麗發現自己的心上人竟然就是艾莘妮風流倜儻的丈夫海克特（Hector Hushabye），年輕的愛麗頓時心碎，但主張婚姻開放的艾苹妮卻毫不以此為意，仍舊用盡心機去引誘愛麗有錢的未婚夫，好讓他愛上自己而不娶愛麗。同時艾比也愛上了自己的姊夫海克特，心碎的愛麗則決定和老船長長相廝守。一連串令人昏眩的鴛鴦亂飛，推動著故事的情節，直到最後一幕，我們才聽到了遠方傳來的隆隆炮火之聲，但這一群以戀愛來打發無聊的人，卻在炮火聲找到了新的刺激與興奮，幕落時，他們充滿幻想地等待這將到的可能（這其實是早已發生在他們身邊的第一次世界大戰）。

從表面的情節看來，這樣一部言不及義，嘻笑怒罵的作品，似乎很難叫人看出任何嚴肅的反戰意涵。《碎心之屋》之所以被認為是蕭伯納最具反戰精神的一部戲劇，除了它的寫作時間外（第一、二幕寫於一次大戰期間，第三幕則到戰爭結束的一九一九年才完成），更重要的原因則是這個劇本有一個極不尋常的序言。這篇序言有三十二節之多，長度幾乎是劇本的三分之一，且讀來完全像是一篇政治宣言。在序言中，蕭伯納盡情表現了他反對戰爭的立場（不僅只是反對第一次大戰，而是反對所有的戰爭），這篇序言，也就為劇本中毫不相干的情節，蒙罩上了一層反戰的隱意。

一般而論，有序言的劇本少之又少，因為序言不能被演出，嚴格說來不能成為劇本的一部份。劇作家所寫的序言，最多不過是些附加的註腳，很少有像這篇序言，竟在劇本之外做獨立的長篇大論。當然，劇作家對自己的劇本做長篇大論的也並不是沒有，比如亞瑟米勒（Arthur Miller）就曾為《推銷員之死》（*Death of a Salesman*）寫過一系列辯論解說的文章，但那些文章到底是發表在劇本已被製作演出之後，所以並不是戲劇文本的一部份。蕭伯納這篇冗長的序言，卻與劇本一起出版，似乎是刻意地要成為劇本的一部份。這不尋常的結構，使《碎心之屋》在戲劇的文類中獨樹一幟，成為十分特殊的案例，它為「觀賞」與「閱讀」劇本，提供了不同的版本與經驗。也就是說，這劇本的「觀眾」與「讀者」有著不同的參照與框架。閱讀出版物的讀者，在序言的參照下，自然會透過一介「反戰」的稜鏡來解析劇中的人物、情節與對白。如此，劇末那隆隆炮火聲就有了深沉的意義，也產生了可能是劇作家所意圖的、令人寒戰的效果。但在劇院裡看戲的觀眾，因為完全沒有序言可資參照，故難從劇本所提供的輕鬆且愉悅的情節，跳接到劇作家所暗藏的政治關懷。這橫列於「觀眾」與「讀者」視角間的鴻溝，因而成為一個值得玩味與深思的設計，可能正為詮釋這部劇作提供了的一個難得的契機。在融合這道鴻溝的過程裡，我們可能反而更能接近蕭伯納對戰爭及社會菁英份子之間所持有的那份隱晦與模稜的意見。而從戲劇史的角度來看，蕭伯納表現在序言中的「說教」衝動，正是他對「社會議題」固有懸念的表徵，這種懸念開啟了十九世紀末與二十世紀初「議題戲劇」（problem play）的寫作，其中的大家還包括了易卜生（Ibsen）及史特林堡（Strindberg）等人，他們的劇作多以處理社會或政治議題為核心。

此劇原名《英式題旨的蘇聯幻想曲式變奏》（*A Fantasia in the Russian Manner on English Themes*）。蕭伯納自稱承襲了契訶夫的（Anton Chekhov）《櫻桃園》（*The Cherry*

Orchard），《凡尼爾舅舅》（*Uncle Vanya*），以及《海鷗》（*The Seagull*）等戲的基調（契訶夫的這些戲劇都曾在當時的倫敦上演，卻並未廣受歡迎）。在序言中，蕭伯納更開宗明義地說：「碎心之屋並不只是這部劇作的劇名，它其實就是大戰前悠遊於精緻文化與閒暇的歐洲。」藉著參引契訶夫，蕭伯納在序言中舉列了對悠閒階級的兩種不同態度。托爾斯泰對「碎心之屋」持完全敵對的立場，他認為那是一種沉溺，扼殺著歐洲的精神文明。據此，蕭伯納認為托爾斯泰是一位樂觀主義者，因為他相信這碎心之屋裡的人是可被「拯救」的。相較之下，契訶夫則是一位悲觀的宿命論者，他對碎心之屋裡的人毫無信心，也不相信他們有逃脫此屋的可能。既然沒有逃脫的希望，那就不如專注於他們迷人的魅力，為之做最盡情的刻劃與書寫。

對這兩種態度，我們也並不陌生，它們其實就是魯迅在「鐵屋」的意象中所欲敘說的。鐵屋著火時，我們是否該叫醒沈睡在鐵屋中的那群人，還是知其不能逃脫，且就讓他們繼續沈睡？

在托爾斯泰和契訶夫的兩極裡，蕭伯納所採取的可能是那中間的道路。所以他會在一齣契訶夫式劇本的前面，寫下一篇托爾斯泰式的序言。《碎心之屋》一劇並不乏對這群悠閒之士的譏諷與譴責，如最後一幕，在刻劃這群人興奮地迎接炮火聲時，蕭伯納提出了他對歐洲菁英份子的間接批評，這群人天真地將戰爭理想化與浪漫化，卻對戰爭邪惡的摧毀性全然盲目。那炮火聲也象徵著歐洲菁英份子與現實的徹底隔離，身處戰爭而不自知。然而，蕭伯納雖有魯迅及托爾斯泰的急切與失望，他卻有更深的、契訶夫式的對這群人的惺惜。因此，觀看本劇，我們對這群缺乏行動能力而只熱衷戀愛的劇中人，除了時有的嘲笑之外，更有著不少的同情與愛悅。到底，他們的瑣碎並無邪惡的企圖，而只是一種麻木與無心。而蕭伯納又是那樣不能自抑地把他們的可喜與可愛，明白地寫在劇本裡。就因為整個劇本有一種愉悅的基調，即使讀了蕭伯納的序言，我們還是難以簡單地把這齣戲解析成是蕭伯納對歐洲菁英份子的譏諷與譴責。但是，如果不是譏諷與譴責，那麼這齣愉悅的喜劇，與反戰的立場，又能有何種其他的連接？

我個人認為蕭伯納在序言裡對「碎心人」（heartbreaker）與「馴馬師」（horsebreaker）所做的區分，是回答這個問題的一個重要線索。「碎心人」與「馴馬師」這兩個看來突兀的對比，因為在英文裡有文字與音韻上的對稱，所以被蕭伯納選來描述兩種不同的人生的態度。「碎心人」是我們在這齣戲中所見的那些纖弱寡斷，毫無行動能力而只沉溺於愛情幻想的有閒階級。「馴馬師」則正相反，他們是有著精準目標的行動者，身體健壯，充滿活力，有成事的幹練，也有起而行的動力，因此，他們絕不會像「碎心人」那樣，坐在屋裡耍嘴皮，或忙著談無稽的戀愛以求心碎。「馴馬師」應該是魯迅與托爾斯泰的英雄，如果鐵屋著火，就算知其不可能，以行動為生命指標的他們也會拼命想出解決之法。但是「馴馬師」卻說不出我們劇中人口裡那些聰明又有智慧的話語，他們不甚喜愛文學藝術，也不做哲學沉思，像蕭伯納所說，那些馴馬女士聽了一小節舒伯特的音樂，就要開始打盹。如此說來，這些積極外向的「馴馬師」好像也並不是蕭伯納心中的理想，在描繪「馴馬師」能幹上進的同時，蕭伯納仍然透露了他對

「碎心人」的依戀。（這人生境界中的兩極，後來成為漢娜鄂蘭（Hannah Arendt）哲學論述的核心，她將之分類為行動生活（*vita active*）及默觀生活（*vita Contemplative*）。前者以公眾事務為關懷，後者則投注於私己的精神領域，鄂蘭的《人類境況》（*The Human Condition*）一書以前者為主題，《心智生命》（*The Life of the Mind*）則是對後者的論述。）

蕭伯納所論及的「碎心人」與「馴馬師」之間的張力，可能就是融合《碎心之屋》這個劇本、與反戰這個政治立場的一個起點。它暗示著兩種幾乎完全相反的視角，也顯現了蕭伯納對「碎心之屋」以及「碎心人」，愛恨夾雜的情緒。

如上所述，對「碎心人」與現實的脫節，以及對戰爭的過份天真，蕭伯納不無諷刺與譴責的用心，但除了挖苦他們的昏噩之外，蕭伯納的另一意圖，則是在以這些人的渾然不覺來展示出戰爭荒謬的本質，因為在發動戰爭的政治決策中，最有影響力的社會菁英份子，就是劇中所刻劃的悠閒階級。如果戰爭決策是出於一群將視之為新奇好玩的團體，那它怎可能有任何崇高與值得為之犧牲的價值可言？所以在刻劃「碎心人」的淺薄與盲目的同時，蕭伯納也在寫戰爭荒謬與可笑的基礎。這是對托爾斯泰聲音的回響。

但是除了將這些人與戰爭的責任掛鉤，以顯示戰爭荒謬的本質外，蕭伯納卻又轉折地從另一個完全相反的角度、用契訶夫的戲劇筆觸，暗語著這些人將成為戰爭犧牲品的可怕臆想，並以之做為反戰的另一種論證。戰爭鐵蹄所將踐踏殆盡的，正是這部戲所呈現給我們的那優雅與愉悅的客廳文化，因為戰爭要索的是「馴馬師」的主導，與對「碎心人」的全盤否定。在處心建構起這充滿笑聲的劇本之後，蕭伯納以那遠處傳來的炮火之聲，警示著這一切的可能失去。在對這可能失去的悲愴假想中，觀眾對這群不知大難將至的天真「碎心人」，就不僅只有道德上的戒慎恐懼，更還有情感上的惺惜與同情。

其實蕭伯納最著名的反戰言論，就是建立在對這種喪失的不忍之上。他曾風趣地說：「我反對戰爭的原因無他，只是因為那陣亡的戰士中可能有未來的牛頓、莎士比亞、或是蕭伯納。」

據說，蕭伯納是在與布魯姆斯貝瑞（Bloomsbury Group）文人相聚的一個周末後，寫成此劇。他後來也曾在給維琴妮亞吳爾夫（Virginia Woolf）的信中寫道：「我寫過一部叫《碎心之屋》的戲，它總使我想起妳。」戲中的艾莘妮，確實令人想起吳爾夫及她的姊姊芃娜莎貝爾（Vanessa Bell）。而要說《碎心之屋》中這一群言不及義的悠閒之士，是布魯姆斯貝瑞團體的群像，好像也不是太過牽強的說辭。

那麼，像布魯姆斯貝瑞這樣一個團體的可能消亡，不正是最好的反戰論證？在給吳爾夫的同一封信中，蕭伯納接著寫道：「妳知道我愛戀著妳，就像所有的男人都愛戀著妳一樣。」這份對吳爾夫及布魯姆斯貝瑞的愛，與蕭伯納的反戰立場，同樣強烈，這兩者不但並不相互矛盾，更是相輔相成的。因為這群悠閒之士在行動生活中，看來可能徹底地無用，但悠閒與無用卻正是精神生活最基本的元素，是亞里斯多德界定為文明基礎的 *schole*。二十世紀的哲學家皮柏（Josef Pieper）甚至以此為題寫成了一本書：《閒暇：文化的基礎》（*Leisure: The Basis of Culture*）。在看似無用、卻緩慢地滋潤文化成長的悠閒，與對文明做快速毀滅的戰爭之間，蕭伯納明顯地將誓死護衛前者。

也談《色，戒》裡的性愛場面

一向對李安與張愛玲有著十足的崇敬，卻對李張初次「合作」的《色，戒》有著難以解釋的駐足不前。電影在台北上演的時候，我正巧返台省親，趕上那場沸沸騰騰無事不「色戒」的熱鬧，卻硬是沈住了氣，沒有趕著去看這部電影。可能是對這一擁而上的熱鬧有著直覺的懷疑，也可能是覺得需要某種客觀的距離吧！一直等到回了美國，才在聖路易市一家可容數百人、卻只有二十來位觀眾的戲院裡，安安靜靜地看完了這部電影。

雖然沒有在台北嘉年華會式的風潮裡看這部電影，卻幾乎天天在報上讀到對這電影的評論文章。令我感到驚奇的是，這部對我而言是以女性內在心理為主題的作品，激起的卻多是有關「歷史」的討論。也許這個故事發生的時代，的確是一個我們永遠解不開的心結，因此難以把歷史的議題推到它應有的背景地位。但是這樣深重的歷史情結，又會如何地影響著我們對《色，戒》的藝術賞析？

龍應台認為李安拍攝《色，戒》，是為了「搶救歷史」。但她所列舉的，也不過是李安如何在上海製片廠裡用心地重造那個時代的種種：比如真實地重造三輪車上的牌照及號碼，仔細挑選易先生辦公室裡的擺設、書桌、文具、杯子，甚至在製片廠裡一棵棵地種下法租界裡那兩排法國梧桐等。但是，這些難道不是所有敬業的導演在拍攝「時代劇」（period movie）時，為製造「真切」印象所必須做的功課嗎？將此說成「搶救歷史」，是否是一種錯置的誇大？李安拍攝珍．奧斯汀的《理性與感性》時用心重造十八世紀英國鄉間氛圍的努力，我們大概不會將之冠以「搶救歷史」的龐然名目吧？

也有人反駁龍應台這「搶救歷史」的論點，裴在美在她的短文中，就從紀錄片與藝術片的分野為基礎，指出用歷史論斷《色，戒》的不妥。張系國在他的專欄文章中也表示出對李安的不滿，他的出發點仍是歷史。張系國認為李安面對這樣的「大時代」，卻選擇了一部講男女情慾的「小碗菜」，十分令他失望。然而「不面對大時代，卻只講兒女私情」這樣的指控，早就被批判張愛玲的人反覆用過。張系國舊調重彈，只能說是他期望另一種電影的個人「心願」，卻不是就作品論作品的公允評論。然而，這樣的論調出自寫小說的張系國，還是十分令人驚異的。「小說」與歷史的「大說」本就在不同的領域裡處理人類經驗，「小」說有時卻比「大」說更能補捉得到時代的真意。張系國這樣的論調，似乎是對自己操執已久的小說藝術形式，表現出了本質上的不信任。

龍應台那篇《我看〈色，戒〉》對李安的電影做了十分精準的剖析。雖然文中對張愛玲原著的各種解讀，不能讓我同意，但因為它對李安電影的詮釋較為全面，所以我將在以下的討論中，大量引用她的文章。

除了需要「客觀冷靜」的距離外，我對《色，戒》一直駐足不前的另一最大原因，可能還是與這部電影最被談論的性愛場面有關。倒不是出於衛道或清教徒的潔癖，我一向認為性愛和其他的經驗一樣，本就應在電影勾畫的範圍之內，只是處理性愛場面要求著高度的技巧，所以真正成功的例子少之又少。我對這部電影床戲存疑的原因，全然來自閱讀張愛玲的經驗，在沒有觀看電影之前，我很難想像那些直接且暴露的床戲，如何與張愛玲幽微低調的藝術質地相安共存。

李安決定在電影中加入原著中並未直寫的床戲，就已明示著他對張愛玲原著有某種特定的解讀，他不但將性在這對男女的關係中做了很高的定位，也暗示王佳芝最終背判大義而決定放走易先生的關鍵，是根源於兩人的性關係，也只有這樣的解讀，才能合理化床戲在這部電影中、量與質都籠罩全局的地位。那麼，李安所循序的也就是我們一般所說的「由色生情，由慾而愛」這樣的情感發展了。然而「由色生情」亦有兩種不同的心理解釋：第一種是假設女性被傳統制約，所以會對自己已經「委身」的男人產生愛情，潛意識地要用感情跟進，以為自己的「不貞」做出一種開脫，也不論性關係是在什麼樣的情況下發生的。第二種則直指肉體的快感，女人因為性的愉悅，而逐漸對男子生出愛情。

從張愛玲本人對〈色，戒〉所留下的討論文字看來（即回應張系國的《羊毛出在羊身上——談〈色，戒〉》一文），第一種心理狀態好像才是她有興趣探索的，王佳芝莫名其妙地失去童貞的後遺症，深過於小說字面的交代，所以張愛玲才會說王佳芝有著「不是白白失去童貞」那樣的計較，她甚至在那篇文章中點明了王佳芝是因失貞而心理不正常，才會糊塗地放走易先生。然而，李安的電影卻明顯地偏向「由色生情」的第二種心理解釋，也因此，他才會認為這是一個女子情慾戰勝愛國情操的故事（見與《華爾街日報》的訪談）。龍應台亦在她的文章中呼應這種解讀，甚至認為這是張愛玲的顛覆性所在，因為女主角王佳芝為情人「變節」，並非出自純純的浪漫愛情，而是出於對性愛的享受。龍應台更進一步說，張愛玲在原著中雖然沒有直接寫性場面，但她的小說中卻有這樣的一句話：「到女人心裡的路通過陰道」，龍應台認為這簡直就是張愛玲留給李安的導演指示！

我很難相信以隱晦幽微為其藝術視景的張愛玲，會用這樣一句粗俗且顯眼的話語，道出她故事裡的玄機，更難接受一向喜愛側寫的張愛玲，會如此明白地用這宣言式的句子講出故事的主旨。

仔細閱讀「到女人心裡的路通過陰道」這句話在原著裡的上下文，我認為那其實是一句反話，不但不是這個故事的主旨，反而是張愛玲對男性自以為是的輕微嘲諷。男人自以為「到女人心裡的路通過陰道」，和接下來那句迂腐的學究為多妻辯護的名言是同一層次。所以李安抬高王佳芝情慾的解讀，看來好像是龍應台所說深具顛覆性的解放婦女的視角，但在張愛玲原著的語境中讀來，卻正是張愛玲所要揶揄的、男性自說自話的視角。

龍應台在文章裡舉出了張原著中諸如「每次跟老易在一起都像洗了個熱水澡，把積鬱都沖掉了，因為一切都有了個目的」這樣的話語，來做為王佳芝是享受著性愛的證據。然而「一切都有了目的」這句話，是否也可以解釋成是「有目的」的性愛，使王佳芝在失序的戰亂中得到了某種抒解？（張愛玲自己對這「目的」的解釋則是上文所提的「不是白白失去童貞」那樣的計較。）當然，我們不必要排除王佳芝其實享受性愛的可能，只是她最後動真情是源自性愛的說法，張的原著中並無這樣的痕跡。

參照張愛玲的自白，以及我個人的解讀，最終使王佳芝動真情而功虧一簣的，恐怕不是龍應台所描述的那種有顛覆性的性愛，卻反而是極其傳統的情愫，而張愛玲在〈色，戒〉中所要描寫的，正是女人跳脫不出傳統感情框架而產生「愛與被愛幻覺」的悲劇。這與小說的題目一起讀來，簡直生出了寓言的餘音——所戒非色，乃由色而生之情幻。除了上文提及因「委身」而必以感情跟進的情結之外，那枚鑽「戒」是一個更現實的線索，小說前段預設易太太抱怨先生不給她買鑽戒的伏筆，以襯托出王佳芝對易先生買鑽戒給她時的感動，這雖然是出於女人之間的競爭心理，也是傳統妻妾爭寵的情結，但它所引發出的情感，卻是極其真實的，尤其對照著要為自己「失去童貞」扳回一城的心理。此外，使王佳芝在一刻間恍惚而動真情的，當然還有與易先生對坐斗室所感到的、比性愛更具誘惑力的家常之感。在張愛玲的筆下，這對在珠寶商斗室裡的男女其實各有懷抱。王佳芝想及從前幾次與易先生的歡愛都在匆忙與緊張中度過，風聲鶴唳，一夕數驚。

「只有現在，緊張得拉長到永恆的這 一剎那間，這室內小陽台上一燈熒然，映襯著樓下車窗上一片白色的天光。有這印度人在旁邊，只有更覺是他們倆在燈下單獨相對，又密切又拘束，**還從來沒有過**。」

而他則因為想著自己多次陪歡場女子買東西的過去，而「不免憮然」：

「此刻的微笑也絲毫不帶諷刺性，不過有點悲哀。他的側影迎著檯燈，目光下視，睫毛像米色的蛾翅，歇落在瘦瘦面頰上，**在她看來**是一種溫柔憐惜的神氣。

這個人是真愛我的，她突然想，心下轟然一聲，若有所失。」

關鍵是「在她看來」。他的自嘆被曲解成了是對自己的愛惜！然而，這「致命」的錯覺，不但不是因為性愛而起的繾綣，相反的，她之所以有這轟然而起的感恩之情，正是因為在那一刻，她突然想像自己並不只是易先生性的玩偶，而是可以與他妻子平起平坐、並能與他共度這樣家常時刻的伴侶，比起從前那些匆忙的交媾，這種感覺，「還從來沒有過」。

但這終究只是一個她想說服自己而生的幻象！那「蒼白清秀」的易先生所沉思著的，是自己過去的獵豔經驗，完全與她無關。她卻要為這失去焦點的一刻，送上了性命。這陰錯陽差的惘然與枉然，正是〈色，戒〉對愛情的寫像，有著張愛玲自己說的、令人毛骨悚然的恐怖與心驚，像三言二拍敲出的一句醒世恆言，更像一齣小型的、以製造「悲憫」及「恐懼」為業的希臘悲劇。

李安的電影卻把小說最後場景裡這「轟然一響」的張力完全打散了，在電影中，不但送戒子的情節被改寫成了兩個階段，連最令王佳芝心動的「家常」畫面，也被附加到了另一個場景之中（日本餐廳裡王佳芝為易先生唱小曲的段落）。這樣的佈局，徹底粉碎了張原著對愛情建構出的反諷，卻把〈色，戒〉鋪敘成了一則亂世男女相濡以沫的愛情傳奇。而〈色，戒〉中陰暗的、女性對性不能平衡的心理戲，亦被這雙向的愛情曝光，而了無痕跡。

李安在數次訪談中，一再談到「忠於原著」是他拍這部電影的目的。然而李安「想像張愛玲」的努力，似乎更超越了文本，而表現在他意欲重疊王佳芝與張愛玲的企圖裡。電影加入了小說中並沒有的、王佳芝被前往英國的父親遺棄的情節，隱約引入張愛玲的身世，也挑動了張愛玲與胡蘭成之間戀情的聯想。龍應台在她的評論中，更明白地把〈色，戒〉的故事做了十分「自傳」式的解讀，她說這篇被張愛玲塗塗寫寫了三十年的小說，有著「太多的欲言又止，太多的語焉不詳，太複雜的感情，太曖昧的態度」，所以是「隱藏著最多張愛玲內心情感糾纏的一篇作品」。李安也曾列舉這三十年的數字，以印證這篇小說有著諸多玄機。〈色，戒〉這只有二十幾頁的小說，文字綿密異常，的確要求著十足彈鬆棉花的功力，就連基本的情節，都需要數次細讀才能釐清面貌。但是把這部作品描寫成是張愛玲輾轉寫作三十年都不能放手的意象，卻只是龍應台及李安過於一廂情願的想像，與事實大有出入。在《惘然記》的前言裡，張愛玲對〈色，戒〉的寫作出版過程講得十分清楚。〈色，戒〉早曾發表，只是三十年後，為再版而做了某些更改與添加，而被改寫的，也並不只有〈色，戒〉這篇，還包括了《惘然記》中其他的兩個短篇〈相見歡〉與〈浮花浪蕊〉。

這雖然是個小節，卻顯示出閱讀者在急切地合理化某種詮釋時，會如何輕易地「想像」出其實並不存在的情結，一件三十年後為再版而改寫的平常事件，卻被渲染成了玄機重重的、張愛玲懷抱三十年的隱情。以想像力重造張愛玲的小說是一回事，以想像力重造張愛玲的生平事蹟則是另一回事。前者是閱讀與藝術創造必有過程，後者則是文評者堅持自己的論點時，因過於急切而顯現出的偏執。

李安當然有他想像張愛玲的自由，一部改編自小說的電影，優劣並不完全建立在它對原著的忠實之上。忠於原著的電影不盡然是優秀的作品，而不忠於原著的電影也並不盡然是不成功的電影，更不用說此種「忠實」的不易掌握，就像這部電影所刻畫的各種「忠實」（對國家的忠實、對情感的忠實、對家庭的忠實……）一樣，都只是一條滑溜的魚，抓也無法抓穩。但是電影與原著的比較，也並非完全無功，它亦能提供藝術評析的契機與語彙。比如說，李安用了張愛玲這個女間諜因一時軟弱而全盤皆沒的故事綱要，卻在情感的本質上做了飛升，而將之膨脹為一則男女相悅卻終要面對亂世諸般不得已的愛情悲劇，這種脫離是否將出現斷層？將一則寓言式的對愛情的反諷轉換為「傾城之戀」式的愛情故事時，我們需要多少跨越的橋樑與可信的附加？那個在張愛玲口中時時以喪失童貞為念的王佳芝，如何可被轉變為李安口中那浸淫情慾而使之淹沒愛國心的女子？是否也就是要圓小說中原來並沒有的「情慾論」，除了大量的床戲之外，李安還不得不在電影中加入諸如王佳芝在領導老吳面前歇斯底里囈語（「他像蛇一樣地穿入我的心……」云云）這樣的段落？而這段落的突兀與造作，是否也是改寫版本不能被原著故事支撐時所出現的一個裂隙？當然，我們可以引入「戰爭的破壞使人珍惜肉體的真實」，或是「秩序崩潰的時代令人挺而走險」這樣的註腳，來「說明」王佳芝情感發展的路程，以及性在兩人關係裡的比重。但這些「解釋」畢竟只是電影之外的思辨，而並不是電影有機地製造出的氛圍與情緒。

至少對我這位觀眾而言，那幾場最被人談論的重頭床戲，並沒有製造出這樣的氛圍，也因此沒有為電影的跨越，做出情感上的連接。更因為這些床戲的拍攝有著打破禁忌的訴求，在執行上難免顯現出了過於風格化的傾向。在大膽嘗試新方向時，藝術家很容易掉入自我沉溺的迷陣而不自知。王家衛在《花樣年華》中使用旗袍花色以營造心情的手法就是一個例子。那畫面的運用，就算再有創意，卻也可能因為過於刻意與缺乏節制，而泛濫成災，成為對感官不止息的侵擾。王家衛《花樣年華》中那一系列的「旗袍特展」，曾經使我這位觀眾，在中場因受不了而奪門而出。李安這幾場床戲雖然沒有嚴重到使我逃跑的程度，卻也顯現出了類似的節制上的失控。而這幾場欠缺情感內容的床戲，在我這位崇拜李安的觀眾眼中，也成了李安所有電影中最「非李安」的一組鏡頭。即使這些畫面所要呈現的是某種徹底與淋漓，而我所能感受到的，卻只是人體的可能排列，以及性愛刻板印象中的數種組合。《斷背山》中兩位情人造愛場面所流放出的情感質地——那孤寂裡的急切——在《色，戒》的床戲裡完全缺席。因此，對於這些冗長、機械、突兀、並深具侵略性的鏡頭，我完全無法發出龍應台所用的那些讚詞：「性愛可以演出這樣一個藝術的深度，Bravo，李安。」

紐約時報的影評人達吉斯（Manohla Dargis）提出了全然不同於龍應台的看法，她說《色，戒》裡的性愛場面，使她想到高中時期幾何課程的內容。說的稍嫌刻薄，但卻也點出了這些鏡頭過於刻意與欠缺情感內容的本質。當然，抽空情感的幾何圖形，也許本就是李安所要表現的藝術效果，果真如此，那我就更不知如何在整個電影的語境裡，去解說這些鏡頭的意義了。

如上文所言，忠於原著並不保障電影的藝術品質，反之，與原著的脫離，反而可能意外地成就某種新的視野。李安電影對易先生的改寫，可以算是這樣一個例子。在張的原著中，易先生面貌模糊，這不是因為張愛玲的技巧不足，而是因為這個故事的核心是王佳芝的內在，而不是他（或是他的愛情），也只有透過王佳芝情動的眼光，我們才能夠看得到他「有點悲哀」那感性的一面。在電影裡，李安卻賦予了易先生最大的同情，在梁朝偉無懈可擊的演出裡，我們看見了他眼中各樣情緒的混合：恐懼、哀傷、寂寞、渴望……讓人想起了《斷背山》裡的傑克，以一注眼神傳達萬千情感，這是李安最為擅長的抒情筆觸，也因此，易先生的重造，毫無痕跡地融入了整個電影，他的可信度，遠遠地超過了王佳芝性格發展的可信度。反諷的是，易先生的塑造成功，是不是又印證了這是一部以男人視角寫成的電影（即使電影的編劇之一是位女士）？

龍應台在她的文章中，曾引胡蘭成的話來寫張愛玲的慈悲。但是張愛玲的慈悲，亦和李安溫情的人道主義有著本質上的不同。龍應台根據《陳立夫回憶錄》，而考據出了易先生所本的丁默村被槍斃時的荒謬情況，使龍應台在文末十分感性地寫道：「在那樣的時代裡，你對『忠奸』難道不該留一點人性的空隙嗎？」李安對易先生的改寫，似乎也是本著這樣的情懷，他使我們暫忘易先生是一名奸險的人，或者說，他使我們相信著奸險的人也有情感脆弱的一面。但是張愛玲的小說所表現出的慈悲，卻全然不是這本著「奸人也有人性」的溫情。她的慈悲超越道德的計較，尤其是以政治立場定出忠奸的狹隘道德計較，所以沒有「雖然……但是」的辯證，卻直指人類存在的境況。也就因為沒有忠奸善惡的前設，張愛玲一眼不眨地透視人性，看似冷酷，卻比濫情的人道主義，有著更大的慈悲與更多的寬容，在她白描的故事中，易先生的人性，並不需要「有情卻不得不殺了她」這樣的演繹，才有存在的空間。而王佳芝的「背叛大義」，在她情感境況的戲力裡，更被推至背景，而沒有留下任何道德譴責的餘地。

但不可諱言的，藉著易先生這個角色的塑造，李安為張愛玲原本冷峻的故事，添加了一層溫暖的深度，也藉著電影最後一個鏡頭中易先生落在床上的孤影，為張愛玲戛然而止的故事，搖曳出了餘波盪漾的悲調。但這令人低回的悲愴，卻已完全不是〈色，戒〉那原始古樸地幾近希臘悲劇的藝術感性了。

雖然不能在「忠於原著」這部份給予李安太高的分數，但做為獨立的藝術作品，《色，戒》仍是一部十分可觀的電影，處處透露著李安大導演的氣度。但與李安其他的作品相比，《色，戒》卻只能算是佳作，而不是傑作。

如果電影裡的性愛場面可被削減成半，如果李安能在那些有著強烈「原色」的鏡頭裡加上一點張愛玲的「間色」，那麼這部電影是否會因此而有較強的整體感，也因此成為一部較好的電影呢？這也只是我這位崇拜李安的觀眾，在遺憾中所能做的一點揣測了，和張系國那「大碗菜」的想望一樣，終究也只是一種一廂情願的臆想。

背叛遺囑的人

英國詩人及小說家哈代（Thomas Hardy, 1840-1928），活到近九十的高齡，因此能在生前從容地交代後事，包括自己的埋葬之地。在遺囑中，哈代清楚地交待了要葬在史丁斯佛（Stinsford）教堂的墓園裡。那兒葬有他的父母，第一任妻子愛瑪，以及若干童年的玩伴。哈代成長於英國鄉間，小說多以田園生活及鄉村人物為描述的對象。死後能回歸田園，是他一大心願。無怪乎友人描述他在晚年時經常流連於史丁斯佛墓園內，手撫自己即將安息的所在，臉上露出安心的笑容。

然而就在哈代自以為「終身」已有寄託的時候，崇拜他的超級粉絲考克瑞爾（Sydney Cockerell）卻正積極地運用關係打通管道，一心爭取把他葬在名家群聚的西敏寺（Westminster Abbey）中的詩人角落（Poets' Corner）裡。對於考克瑞爾而言，像哈代這樣一位偉大的作家，葬在西敏寺以供後人瞻仰，才是符合他身份與成就的歸宿，怎能讓這位大作家葬在像多爾切斯特（Dorchester）那樣的小地方呢？

但是由於空間有限，西敏寺的詩人角落所能容葬的只有入罈的骨灰，也就是說要葬在西敏寺，哈代的遺體必先被火化。這當然不是哈代曾為自己想像過的結局，也很難說這會不會是他所願意有的下場。然而，事情卻還不只有火化這一樁。哈代的家鄉好不容易出了一位名人，怎肯錯過擁有他墓地的機會。史丁斯佛教堂本著哈代遺囑中的指示以及哈代家人的支持，力爭自己該有的一份。在各樣你來我往的協商之後，眾人終於做下了一個通通有獎的決定──哈代的骨灰歸西敏寺，而他那顆象徵著愛的心臟則可安葬在家鄉的墓園裡。

一九二八年一月十三日，哈代生前的曼醫生（Dr. Mann）帶著另外一位外科醫生，前往哈代的家中動刀取心，挖出的心臟被放在一個餅乾盒子裡，不知何故，曼醫生卻決定將把那盒心臟先帶回自己家中，再移往將入土的棺木之內。據說放在曼醫生廚櫃上的餅乾盒卻不幸被家裡的貓兒打翻，盒子裡掉出來的心臟還被那隻動物胡亂抓打了一番。雖然曼醫生對此一再否認，有關哈代遺體的各種恐怖傳說，卻不停地在多爾切斯特的鄉間傳頌。*

最終，哈代不但沒有歸終於他一心嚮往的靜謐田園，還承受了自己一生從未想像過的剖腹挖心與烈火燃燒的對待。所為何來呢？只是因為崇拜他的人認為他是英國的光榮，按照考克瑞爾的說法，他是「屬於英國人民」的，因此他本人那卑微的遺願不能被允許，即使要動刀放火，也非有一場轟轟烈烈的葬禮，也絕對要有一個可供眾人瞻仰與禮敬的安身之所。

其實在歷史上，遺體強被「國有化」的偉人，為數極多，哈代不是第一位，也絕不會是最後一位。蕭邦在法國去世後，他的心臟也被挖出，由他的妹妹送回波蘭，好使「祖國」的同胞能有機會表現他們對這位「國寶」的崇敬。

十多年前張愛玲去世時，雖然沒有人建議要挖出她的心臟送回祖國，但也有無數張迷堅持不能理會張愛玲自己所要求的低調後事處理，而非要有一個「適合」張愛玲身份的隆重葬禮，幸虧一組有智慧的治喪委員力排眾議，堅持按照當事人的意願行事，張愛玲才能免受一場對她而言和剖腹挖心同樣可怕的觀瞻遺容、上香敬禮的傖俗葬禮。

張迷七嘴八舌地爭論著該如何安葬張愛玲的那一年，我正巧讀到了昆德拉（Milan Kundera）才被英譯的新書《被背判的遺囑》（*Testaments Betrayed*），全書講的是遺囑的被背叛，描述的就是那些以堂皇之理由、而蔑視死者意願的行為。雖然遺囑背叛者的動機，可能是為了死者的福祉（為他死後的殊榮），但他們所堅持的，卻是自己認為重要的價值——比如說名聲、地位、萬古流芳、厚禮大葬等等，他們卻完全沒有考慮這是否也是死者想要的。以普遍世俗的價值強加於有個別性格的死者身上，這行為在本質上就是把有獨特好惡的個體，轉變為僅具儀典意義的象徵與符號，也就是把主體變成為客體，把人變為物件。

對於這樣的行為，昆德拉做了毫不留情的撻伐：「不論將死者當成無用的廢物來處理，或是當成珍貴的象徵來崇拜，顯現的都是同樣的、對死者獨立人格的污衊。」

反過來說，使我們忠於死者遺願的又是什麼樣的動力？是什麼力量使我們願意撇開自己的價值與意願，而遵循我們並不十分同意的死者的遺願？是出於責任？是出於法律上的顧忌？還是出於來世報應的恐懼？昆德拉認為都不是，他認為我們之所以要堅持實踐死者的遺願——即使我們不能同意那些遺願——是出於對死者的愛。他以十分動人的筆觸描述了這樣的愛。因為我們對死者與對他的記憶有著如是的珍愛，所以我們不但不能用過去式來描述他，更不能接受他已不存在，這愛使我們強烈地企圖保有死者獨立的人格，就好像他還活在我們的身邊一樣。如果死者還在我們身邊的感覺是那樣地真確，我們怎可能會要拂逆他的願望？

但是崇拜哈代的考克瑞爾、熱愛蕭邦的波蘭人、或者把張愛玲當神的張迷，難道不正認為自己才是最愛死者的人嗎？那愛驅使著他們將最高的榮耀加在死者的身上，也驅使著他們為死者建立永恆被禮敬的廟堂。所不同的是，這種愛並不是針對個人的具體之愛，而只是對那人所象徵的價值的愛。也就昆德拉所說的，那是一種滅絕了死者獨立人格以建構象徵的過程，在昆德拉的眼中，這無異於把死者當成廢物處理，因為廢物與符號象徵都是沒有生命或個別性的。

偶像崇拜所滿足的常是崇拜者自己的需要，而不是被崇拜者的需要。

因此，我也很不能原諒一位丈夫不顧妻子再三的交代，而在喪禮上開棺讓人瞻仰她的遺容。他說是為了讓朋友有個與亡妻道別的機會，但她一生羞怯內向，這是她最不能容忍的一種暴露，所以會在生前交代丈夫千萬不要有開棺瞻仰的儀式。在死去的妻子不能言語的情況下，丈夫為了其他現實的考量，而犧牲了妻子做過的最基本的要求，這是一種背叛，正因為這是妻子活著的時候，丈夫絕不可能會做的事。

但在《被背叛的遺囑》一書中，昆德拉所譴責的，卻並不只是在對「遺體」處理上的背叛，更重要的是顯現在對「遺作」處理上的背叛。在昆德拉的價值體系中，這兩者並無分別，出版死者遺稿、私人信件、刪改中的手稿、或是死者指示要銷毀的文件等，和不遵照死者對葬儀的指示一樣，都是對遺囑的背叛。在這樣的行為準則下，昆德拉用了大量的篇幅，嚴厲地批評了被卡夫卡學者視為英雄的布勞德（Max Brod）。昆德拉把布勞德視作一位最終極的、背叛遺囑的人。

熟悉卡夫卡生平的人都知道，布勞德就是那位沒有遵照卡夫卡囑咐將其遺稿全部燒毀的人。布勞德不但沒有燒毀卡夫卡留下的手稿，還從抽屜中挖掘出了所有卡夫卡寫過的文字，包括私人信件與日記，一律付梓。對於喜愛卡夫卡作品的人而言，布勞德無疑地是一名英雄，因為他搶救下了這些文學上的傑作。更也有人會認為布勞德才是卡夫卡真正的朋友，要不是因為他的「背叛」，卡夫卡也許早在文學史上消聲匿跡。如此言說，好似卡夫卡還應該為自己遲來的身後之名而感激這位背叛者。

如果以文學史為著眼點，而犧牲卡夫卡個人的意願，布勞德也許是有他的功勞與貢獻的。但這貢獻仍不足以為他開脫掉背叛的罪名，或稍改他行為中背叛的本質。在兩種價值的衝突裡，我們最多也只能說，布勞德為了文學而情願負載背叛的罪名。雖然昆德拉也不得不承認布勞德沒有付諸火炬的兩篇長篇小說，的確是偉大的傳世之作，但在喜愛這些作品之餘，他仍毫不保留地指控布勞德為一背叛者。對昆德拉而言，布勞德的背叛並不只在於違逆了卡夫卡的信託，更重要的是，布德勞毫無鑑識而照單全收的出版方式，完全摧毀了卡夫卡一生所努力建構起的藝術視景。

布勞德是卡夫卡的至友，也是他的知音。在卡夫卡文名未顯，出版社都不願出版他的時候，布勞德獨具慧眼，對卡夫卡佩服得五體投地，宣稱自己愛戀著卡夫卡所寫過的每一個字句。要這樣一位崇拜者燒毀自己偶像的作品，當然不是容易的事，所以布勞德曾牽強地為自己的行為辯解，他說卡夫卡並不是真心要毀掉自己的作品；如果他是真心，那為何不在活著的時候自行銷毀呢？這當然是一個極為可笑的說法，那一位作者能預知自己的死亡將至，而及時毀掉未完之作？作家的一生是一個延續的創作與修改的過程，只有達到自己標準的作品，才能跳脫這個過程，付諸眾人之眼。在不可能知道自己何時可能會死去的情況下，作家最恐懼的夢魘，就是在書寫與修改一部作品的中途死去，那些未臻理想的作品即將被暴露，就像臥室的窗帘突被撤去，使世界看見了衣衫不整的自己。雖然那些未完之作，在他人眼中可能已經是十分了不起的作品，但在作者自己的藝術視景中，它們尚不宜公開展現，仍是屬於私有領域的物件。在自己不能掌控的情況下，作者也只能將之託付與最能信任之人，以確保它們與死者同歸黑暗。把這些遺作抖現在世人面前，就如同把那不情願的妻子的遺容，強展給眾人觀看。

布勞德如此做，當然是出於對卡夫卡的熱愛，而問題也就正出於這種盲目而沒有鑑識性的熱愛。對卡夫卡的崇拜，使他覺得卡夫卡的隻字片語都應被保留、被閱讀、被傳世。這是所有偶像崇拜都顯現出的鑑賞能力的自動停滯。對此，昆德拉有如是的評註：「布勞德宣稱自己有著對卡夫卡『狂熱的崇敬』，這種狂熱渲染到了卡夫卡所寫的每一個字句之上。卡夫卡的編者對卡夫卡所有碰觸過的字句，也表現出了同樣的『毫無保留的崇拜』。但是我們必須了解這種『毫無保留的崇拜』的涵意：這種毫無保留的崇拜，同時也就是對作者美感訴求（aesthetic wish）毫無保留的否定。因為一位作者的美感訴求並不僅僅表現在他所寫下的字句裡，更表現在他所欲刪除的字句裡。刪除要求著比書寫更大的天份、素養以及創作力。所以，出版那些作者意欲刪除的字句，就和刪除作者意欲保留的字句一樣，都同樣是一種強姦的行為。」

由此，我想起了另一樁背叛遺囑的事件。一生有出版潔癖的美國詩人畢曉普（Elizabeth Bishop, 1911-1979），一生出版的詩作只有一百多首，她對自己作品的標準極高，有時一首詩要經過幾近二十年的刪改，才能達到她願意出版的標準。去年，紐約客雜誌詩刊編輯愛麗絲昆（Alice Quinn），卻收集了所有畢曉普未出版與未完成的遺作，而發行了一本絕對不可能獲得畢曉普同意的詩集。（*Edgar Allan Poe & the Juke-Box: Uncollected Poems, Drafts and Fragments,* Farrar, Straus and Giroux, March 7, 2006）。這正是昆德拉所描寫的、強行留下作者欲刪去的字句的行為。在本質上與文字檢查強行刪除作者文句的行為是一樣蠻橫的。我們可以想像，畢曉普地下有知，將如何地在墳墓中翻轉不安。

畢曉普遺作的出版，的確引起不少爭議，支持它出版的人認為這些尚在進行的詩作，提供了一個了解畢曉普創作過程的契機，所以這些畢曉普自認為不盡完美的作品，仍有它們在文學上的價值。

真是如此嗎？如昆德拉所說，出版那些作者意欲「刪除」的作品，除了滿足崇拜者獵奇與收藏的癮癖之外，也只不過是能讓學院裡的研究者，或是圖書館裡的文獻專員，多一個理直氣壯的研究項目。但不可原諒的是，這個過程——撿拾起作者意欲揚棄或未及修改完善的文字，將之出版，使之成為一位作者文學遺產的一部分——所傷及的卻是藝術家集一生心力所要維護的美感訴求的完整。在《被背判的遺囑》一書中，昆德拉將卡夫卡自編的短篇小說集，與布勞德隻字不漏（包括書信與日記）以編年方式出版的卡夫卡全集並列，前者處處閃爍著藝術家處心積慮的美感訴求，後者卻毫藝術性可言，只是偶像崇拜不分軒輊地抓住作者每一字句的奴性編纂。

在新近出版的一本書《帘幕》（*The Curtain*, Harper Collins, 2006）裡，昆德拉又再度回到這個話題，他提出「精要原則」（the ethic of the essential）做為文學（小說）創作的本質，也就是一種呈現事物最精要者的創作美學（在此昆德拉用了ethic這個字，頓然使美學的訴求有了道德的隱意），而與此對反的，則是企圖包攏一切的檔案原則（the ethic of the archive）：

> 作者的書信雖然有趣，但它們既不是傑作，且根本算不上是作品。「作品」（*l'oeuvre*）並不是所有作者所寫過的文字——筆記，日記，雜文。作品是長期努力於一美感工程的結果。
>
> 我要更進一步地說，「作品」是經過作者品判後所最終同意的產品……所有的小說家必須盡心刪除屬於次要者以保存最精要者，也就是所謂的「精要原則」！
>
> ……但是除了作者之外，我們還要面對成批的研究員，他們所依恃的是完全相反的原則，他們傾心累積所有能夠找到的文字，以能夠擁抱「整體」為其最終的目標。所謂「整體」就是包括堆積如山的草稿以及被作者刪除的段落與剔除的章節，他們將這些文字全部出版在所謂的「研究版本」裡……好像所有作者所曾寫下的字句都有著同樣的價值，也都是被作者所認可的。
>
> 於是，藝術家的精要原則，變成為無所不包的檔案原則。（檔案編纂員的理想，就是要讓那甜蜜的平等律，在巨大龐然的墳堆中做制裁一切的統治者。）

「精要原則」是去蕪存菁的過程，像雕刻者的鑿杵，剔除雜石以綻放原石的光潤，「檔案原則」則在菁蕪不分的蒐羅過程裡，以數量上的整體，浸蝕著質量與藝術上的完整。

而在近年對張愛玲的狂熱裡，我們所見到的不正是這「檔案原則」的操作？只要是經張愛玲之手寫過的文字，即便只是一張便條、或是商議出版事宜的流水帳的信件、或是年節的小卡片，全在地毯式的搜索下，被歸檔出版。近日張的遺作《少年同學都不賤》被發掘，又在張學領域造成轟動，儼然像是另一部張愛玲的傑作出土。這當然只顯現出了張迷照單全收的盲目膜拜，是昆德拉所說的「掏撿垃圾桶」的行徑（不幸的是，我們卻真曾有一位張迷將此比喻做了字面上的行為示範）。將《少年同學都不賤》這部如果換了作者名字只是一部非常平凡的小說、與張愛玲其他的作品並列，除了滿足張迷「收集」的癖好，以及張學研究員可以大作文章的機會之外，對張愛玲一生所營建出的藝術整體，到底是增加還是減少？更遑論這已被偶像崇拜搞得污濁的張愛玲的藝術視景，根本不是張愛玲自己想要留給後世的文學遺產了。

＊取材自湯瑪玲（Claire Tomalin）新出的哈代傳記（*Thomas Hardy*, Penguin Press HC, January 18, 2007）。

傳記文學，文學傳記——從「海明威的中國之旅」談起

二次大戰期間，海明威曾經走訪中國的「事件」，並沒有在海明威的傳記中占過太多的篇幅，原因很簡單：中國之行並沒有像一次大戰時的義大利、或是內戰時的西班牙那樣，引發出海明威以戰地為背景的兩部重要小說，也沒有像海明威所曾駐足過的非洲、古巴、加勒比海等地域，開啟了那些有著獨特異地情調的文學作品，不僅如此，中國之行甚至沒有在海明威作品的文字間留下什麼痕跡。唯一可以和這次行旅扯上一點關係的文字，只能在他死後才被出版的小說《河中之島》（*Islands in the Stream*）裡找到。那是在小說中段〈古巴〉的章節裡，主人翁哈德遜（Thomas Hudson）在酒吧裡與立爾（Lil）對話，用敘述軼聞的口氣描寫了他曾到過的香港，他描寫那裡的山坡、海灣及魚市，富人極富窮人極窮，還提到一位富翁朋友曾把三位美麗的中國女子當成禮物送到他旅館的房間……這段敘述從二八六頁到二九五頁，一共也只有十頁的篇幅。看來戰時的中國，並沒有為以寫戰爭小說著名的海明威激起任何的靈感。從文學的角度考量，海明威的中國之行也就的確沒有太大的意義了。

但是，海明威並不是一位「普通」的作家，他以「行動文人」的恣態遍遊世界，出入戰

場，狩獵非洲，垂釣加勒比海，盡情顛覆著文人固有的蒼白形象與沉思默想的生活方式，終將「海明威式」的寫作恣態凝鍊為一可被指認的符碼，界定出一種以親身涉險的寫作取向。海明威的文學作品與他的生命，因而出現了某種透明的對應，「傳記式」的探索角度，亦在海明威的研究領域領多了一層合理性。我們幾乎想說，海明威的生命與他文學作品是互相抄襲的正副本，人如其文，文如其人。加上海明威龐大的自我，與一生毫不羞怯的自我神化傾向，共同地營造著海明威傳奇，使他的生命有了可比擬文學作品的同等魅力。在流行文化中，他的生命更籠罩了他的作品，對海明威生平津津樂道的人數，絕對超過對他作品埋首研讀的人數。這個現象不僅表現於海明威傳記的持續繁衍，也表現於海明威在流行文化中高漲的商業價碼（比如他生平曾到之處，就成為以「文化」旅遊為名目的促銷項目）。當一位作家在大眾意識中到達了如海明威這般的「圖騰」（icon）地位時，他的生命事蹟就蓄存起了超越他文學作品的價值。而他也就難逃「名流」在瑣碎的八卦中被人消費的宿命。

海明威的生平事蹟成為一項「資產」後，他曾到中國的史實，雖與文學作品無什關係，也遲早要被「開發」。在現今多元化與全球化的氛圍裡，這位西方文學泰斗曾經到過東方的事蹟，自然要被賦予前所未有的文化意義。無怪乎，二〇〇六年我們得見一本以此為題的書在西方出版（中文方面，廈門大學楊敬仁教授所著《海明威在中國》，早於一九九〇年出版，摘自此書的段落，曾由鄭凱梅英譯，發表於美國二〇〇三年秋季的《北達科塔季刊》（North

Dakota Quarterly））。這本書的作者是曾任香港南華早報的記者摩瑞拉（Peter Moreira），書名是《海明威在中國前線，他與葛爾紅在二次大戰中的間諜任務》（*Hemingway on the China Front,His WWII Spy Mission with Martha Gellhorn*, Potomac Books, 2006）。除了聳人聽聞的副標題有譁眾取寵的嫌疑之外，此書對海明威為期一百天的中國之旅，做了日誌式的詳盡報導，編纂出一清晰有序的敘述，填補了這段歷史的空白，可以算是一本稱職的傳記文學。

其實，有關海明威的中國之旅，西方並不是沒有人寫過。與海明威同行的第三任妻子葛爾紅在一九七八曾出版過《我與自己及另一伴侶的行旅》（*Travels with Myself and Another*），那本書的第二章〈馬先生的老虎〉（Mr. Ma's Tiger）所記錄的就是這趟行程。題目中這位馬先生是海明威與葛爾紅參觀廣東第七軍區時的翻譯，他是兩人對外的唯一管道，但這位熱情有餘能力不足的馬先生，卻不能在語言上為這兩人做太多的服務，他翻譯的句子中充滿了「那個什麼什麼」（whatchumacallit）的不確定。比如問：「那是什麼樹？」答：「普通的樹」。問：「那船運的是什麼？」答：「貨物。」至於那隻「馬先生的老虎」，指的卻是另一段令人哭笑不得的對話。面對一座禿山，馬先生被問及為何該地沒有草木生長。馬先生答道，為了防止老虎前來吃草吃樹，村民決定燒山。這隻吃素的老虎就成了「馬先生的老虎」，也成為海明威及葛爾紅之間的私有笑話。馬先生的真名其實是夏晉熊。楊敬仁教授的書中收有對他的訪問。對於自己成了葛爾紅的文題，夏先生一無所知，倒是對海明威存有非常良好的記憶。

《我與自己及另一伴侶的行旅》寫於葛爾紅的晚年，她細數自己一生所經歷過「恐怖之旅」，並將和海明威同行的中國之旅，列為首位。在時間的沖洗下（那時海明威去世已將近二十年），葛爾紅終能用十分風趣且不乏自嘲的口氣，敘述出三十多年前的這段旅程，精彩地描寫了旅途上陰錯陽差的慘烈，我個人認為葛爾紅這篇節奏快速且充滿機智的文字，應登入旅行文學的經典之作。摩拉瑞的書大量取材葛爾紅，只在葛文的骨幹上加入當時報章雜誌的報導，以及新近公開的一些檔案資料，而舖敘成此書。摩拉瑞不但根據葛爾紅的文章重建了行程的日期，也從葛文中收錄了所有令人難忘的細節，比如兩人在廣東前線的韶關及北江第七軍區採訪時所遭遇的種種令人啼笑皆非的場景，都是直接來自葛爾紅的文章。所以摩瑞拉這本書基本上是將葛爾紅個人風格十分強烈的敘述文字，壓扁鋪平，注入諸般「客觀化」元素，而將一本以第一人稱敘事的回憶錄，轉化成為一部似有全知敘述角度的人物傳記。

但是本書最引人注意的，當然還是它的副題。「間諜任務」？這像號外標題的告示，有著蘋果日報宣揚醜聞的語氣，雖然藏在副題裡，仍有震驚與吊人味口的效果。不幸的是，讀完全書，我們卻發現這「間諜任務」的宣稱，原來是如此的薄弱！不過是用來包裝溫吞情節的廣告辭罷了。但也因為宣傳與實情間的差距，使人不免對作者的誠懇大打折扣，傷及了一本踏實傳記的完整，我覺得是十分可惜的事。

這「間諜」的頭銜，當然並非無中生有。「間諜」的定義如果是「受一政府之託，收集有關另一政府之資訊」，那麼海明威的中國之行，確實有著這樣的功能，但令人心生疑慮的，是作者使用「間諜」定義的最底線，卻意圖喚起「間諜」最高度的浪漫形象，他所玩弄的，是兩者間所容允的最大自由空隙。以此副題，作者想撩撥的當然是濫情的對詹姆斯邦德的聯想。用在一生涉險的海明威身上，人們更要期望某種樣式的危險與刺激。但在實際情況裡，海明威所被託付的「間諜」任務，無關秘密、情報、監聽、鬥智、或是暗殺，而卻只不過是在十足的官僚體系裡做一個小小的觀察員。

說來海明威到中國的最初目的，只是為做一名「隨行配偶」。他的新婚妻子葛爾紅受《考利葉》（Collier's）雜誌的聘請，前往中國採訪中日戰事。海明威力阻她成行不果，最後卻被勸服隨行，既然要隨妻同行，海明威也方便地從《ＰＭ》雜誌要到了一紙合約，為該出版物著寫幾篇中國報導，行前他又與美國財政部部長的助理懷特（Henry Dexter White）有過一次會面（海明威在政治上的管道是受裙帶關係所賜，羅斯福總統夫人愛蓮諾（Eleanor Roosevelt）是葛爾紅母親的大學好友，葛爾紅終身與她有著極為親密的關係，時時出入白宮，甚至常在政策上對總統夫人建言）。這次會面就成為了摩瑞拉指稱海明威是間諜的根據了。懷特希望海明威在中國期間，能為財政部觀察國共兩黨的互動、美援被國民黨支用的情況、以及滇緬公路的交通狀況。所謂的「間諜」任務，也就只有這些項目，完全無關情報採集或秘密組織，而只是一種不動聲色的觀察活動，其本質與戰地記者並沒有太大的不同。「間諜任務」最後交差的作業，則是一封寫給財政部長摩根紹爾（Henry Morgenthau）的信，在這信中，海明威本著他與蔣介石及周恩來在重慶的會面，而提出了對國共關係及中國內戰趨勢的分析。這篇分析雖然展現了海明威對政治情況的敏銳直覺，但信中卻也並無任何機密資訊，只有蔣介石憤憤數落共產黨的長篇講話。

所以在這聳人聽聞的副標題後面，也只不過是個十分反高潮的陳述。整個事件中稍有一點「諜海疑雲」氛圍的，卻是與海明威接觸的懷特，後來竟被發現是蘇聯的間諜，海明威也因此而間接沾染上了一點諜報的光環！

我無意以犬儒的心態指控摩瑞拉利用書名促銷。他也許只是想使讀者注意到海明威與懷特會面的這項新資料，或者想顯示他的書與葛爾紅文章的不同。當然更可能的是，他想為海明威的傳奇添加上一層神秘的色彩（海明威自己當然會迫不及待地擁抱間諜這個頭銜），在海明威陽剛的戰爭、鬥牛、狩獵、深海漁釣等探險活動之外，摩瑞拉想為他再加上最為挺而走險的間諜一項。

追根究底，海明威的中國之行的確是一樁「非事件」，也就是說它不見得曾在文學或政治歷史的網絡裡留下任何有意義的餘音。但在海明威傳奇的長影裡，「望文生意」或將「非事件」轉變為「重大事件」的誘惑卻強得難以叫人抗拒。因此，在本書中，摩瑞拉欲賦予海明威中國之旅以重大意義的企圖，也就不僅只表現在這聳動的間諜副標題上。他同時亦努力想將這個旅程投影到海明威的創作生涯裡，既然在文字裡找不到，只好在意義的解讀上去找。比如他例舉文學教授竇爾（A.S. Knowles）對海明威作品的解讀，而認為海明威二次大戰以後的作品有著明顯風格上的改變，原因是海明威曾先後告訴麥孔考立（Malcolm Cowley）以及哈威布雷（Harvey Breit）兩人，中國之旅使他克服了對死亡的恐懼（與海明威已交惡的葛爾紅，將此嗤之為海明威一貫的吹牛與誇大）。這當然是一種想提升中國之行重要性的企圖。問題是要連結起中國之行、克服死亡、以及這心理狀態對後期作品的影響，就算能有完備的辯證，到底仍是建立在主觀的假設之上，在有機的文本以外找尋外在詮釋的文學解析，本就是文學批評裡最為危險與滑溜的取向，所可能產生的謬誤，也早已被反對傳記取向的文學理論講述清楚，不必在此贅述。此外，摩瑞拉甚至以海明威在這樁「間諜」任務中所表現的敏銳政治本能為根據，而「證明」《戰地鐘聲》是一本政治性十足的小說。《戰地鐘聲》完成於中國之行前，如果海明威的政治才能使他寫成了那部優異的小說，那也應該是和中國之行無關的吧！

其實摩瑞拉勉力地將海明威中國之行框架在文學觀照中的努力——也就是將一本自足的傳記文學，轉化為能在文學領域中發出回響的文學傳記——實是沒有必要的。即使撇開文學的參照，海明威中國之行的記錄，無論被閱讀成一部不尋常的旅行記遊，或是一部了解戰時中國的微形歷史，或是一部上世紀東西文化間嘗試性的初探，都有它自身的趣味與意義。牽強附會地為這旅程加上並不真正存在的意義，反而剝奪了單純敘述裡的趣味。如此看來，葛爾紅那天真自然且不以文學傳記為懸念的敘述，反而有了更多的文學優質。摩瑞拉曾在書的序中指出葛爾紅回憶錄的不足，並批評她未誠實的公布自己有欠理想的作為（也就是在後來的報導中沒有批評她心底所痛恨的國民黨）。為要維護自己這本書存在的必要性，摩瑞拉當然必須批評其他書籍的不足。但在指責一本回憶錄有欠公正完整時，摩瑞拉卻似乎犯下了混淆文類的錯誤。回憶錄因為是出於一人的視角，照定義本就應是主觀狹窄的。我們閱讀回憶錄，並不在追求一種宏觀，而是為了親切的趣味，就算那種視角可能是偏執的。在葛爾紅真率又充滿自嘲的機智敘述中，那位企圖良好卻力不從心的馬先生，如聞其聲地活現在我們面前，而不斷調侃她的海明威，表面看來殘酷，卻也時能顯現慷慨。這樣的海明威無關文學，也不必是那位寫出種種名著的大作家。葛爾紅對海明威的寫像，也許無助於我們了解他的文學作品，卻讓我們看到了他作品中一再描寫的「困境中的優雅」（grace under pressure）的具體顯現。這是葛爾紅文字的誠實所在。因為甘於停泊在個人層面而不做文學參照的誇口，她反而給了我們一段較為真實的、對那旅程的記錄。

以作家的傳記來解析文學作品的取向，早在上一世紀新批評興起時就被斥為謬誤。在文學理論敵視作家傳記的傳統裡，閱讀作家傳記的欲望卻常在，也不必然就是偷窺心理或是偶像崇拜的表徵。傳記與八卦之間當有極大的分野，好的傳記仍能與想像文學分庭抗禮，而成為閱讀的大宗（在目前的出版市場裡，它對讀者的吸引力，更已超越了想像文學）。僅管嚴峻的文學理論家想把作者的生命逐出純文學的理想國，像羅蘭巴特（Roland Barthes）等文學理論家也一再宣佈著作者的死刑，讀者對作者生命的興趣卻永遠拒絕死去。

假做真時真亦假

《魔鬼詩歌》（*Satanic Verses*）一書在上世紀所引起風波，在當時是史無前例的。此事雖然已為陳蹟，作者若虛地（Salman Rushdie）也已漸為人所淡忘。然而從回教恐怖份子活動日益猖獗的今日回頭看去，魔鬼詩歌事件則像是浮游在時間長河裡的一枚警鈴，遙向下一個世紀發出示警的聲響。回教與西方的在此方面的衝突，有增無減，因語言及著作觸犯原教主義回教徒而受死亡威脅的事件，更層出不窮，最近又有一名英國教師因把玩具熊叫做默罕穆德，而面對了和若虛地一樣的命運。

若虛地出生於印度龐貝，成長於回教家庭，曾居倫敦，後移居紐約，是英語世界的重要作者。《魔鬼詩歌》出版前，若虛地已獲若干文學大獎，但卻要到此事件爆發，才聲名大噪。事件最先暴發於印度，當地的回教徒深覺《魔鬼詩歌》一書有意汙蔑回教始祖默罕穆德，並否定可蘭經的神聖性。憤怒之火不久就燃遍了回教世界，伊朗領袖柯梅尼將若虛地判處死刑，呼籲舉世回教徒追殺若虛地，並宣稱殺他者必可入天堂。頓時殺手四出，若虛地立刻潛入地下由英國安全人員日夜守護。英國政府抗議無效，與伊朗互喚回兩國駐使。在美國，由於恐怖份子的威脅，出版該書的公司，也曾進入緊張狀態，為了顧及員工安全，還曾關閉數日。而幾家大的連鎖書店，也曾下令各分店，將《魔鬼詩歌》拿下櫥窗，甚至預備停止銷售該書。

在數年險象環生的緊張情況後，事情終於淡出，原作者安然無事，卻仍有兩名翻譯該書的作家慘遭殺身之禍。

「魔鬼詩歌事件」雖已淡化，但它所彰顯的文化衝突，至今非但未解，反有升高之勢，其所激起的情感，亦從對一名作者的死亡威脅，提升到了各樣殺傷無辜的恐怖行為。升天堂的獎勵，不只召募到了那些「魔鬼詩歌事件」中的殺手，如今更召募到了一群不惜以炸死自己來從事破壞的「義士」。而「魔鬼詩歌事件」衝突的核心——也就是言論自由的概念——也直指出了西方與回教世界在基本價值觀上的巨大差距。

在西方民主世界裡，言論自由權受著無條件的保護，既使那言論可能傷及他人。而被侵犯的個人，除了本著文明社會所培育的素養盡量包涵之外，最多也只能動用同樣的言論自由權而加以口誅筆伐。基本的規則是動口不動手，口誅與筆伐都在民主社會的包容之內，但動槍動刀則違反了民主社會的法治。言論自由權是西方民主政體制誓死保衛的基本人權。所以當時的英國政府雖然對若虛地十分感冒（因為他的著作中不斷有著對當時柴契爾政府的批評與諷刺），也要為他大張旗鼓，不但與伊朗斷了交，還派安全人員日夜守護這位政府的批評者。

然而這種言論自由的尺度並不被全世界所採用。在某些社會中，個人的地位是在社會、國家或宗教之下，而個人存在的意義則是建立在對更大體系的維護。在回教世界中，宗教就是這個更大的體系，所以人人願意為之生死以赴。要求這樣的社會了解並實踐西方社會所命定的言論自由權，是絕不公平，也絕無可能的。

《魔鬼詩歌》事件展露了兩種文化在這方面的衝突。除了兩方能對彼此的價值觀做嚴正誠實的考察及了解外，沒有其他解決的途徑。西方世界在維護基本人權之餘，也應由另種文化的角度來審視整個事件，不必優越地將一切歸咎於回教世界的落後與不開放。因寫一本書而遭殺身之罪，對於西方世界固然不可思議，但為逞口舌之快而污蔑神明，也不容於回教世界。各種文化現象的後面都有它悠遠與複雜的因素，比較異同而不計較孰優孰劣，才是有建設性的方針。

然而除了「基本人權」、「文化異同」、「個人與社會」等課題外，「魔鬼詩歌事件」同時還彰顯了另一個不是十分明顯、卻更有深意的課題，那就是文學作品的真實與虛幻的問題。《魔鬼詩歌》是以虛構為基礎的小說體制，更為這事件增加出了另一向度的討論空間。因為《魔鬼詩歌》如果是一本寫實作品——是有關回教與默罕穆德的新聞報導、哲學論述、或歷史陳述，那麼它所引起的風波尚可理解。因為不論是否該當死罪，作者至少有著明確「批判」回教與默罕慕德的意圖。寫實文體意味著文本所描述者，均為真實事件、真實信仰或真實理念。但是，一部我們所謂「怡情悅性」或「姑妄言之」的小說，卻引起了這樣的巨大的震盪，我們不免要問，作者應負何種程度的責任？或從另一個角度看，讀者又該負何種程度的責任？是作者錯寫了？抑或是讀者錯讀了？這些問題可被歸結到一個更基本的問題，亦即對小說的真實或虛幻的衡量與界定。

我們常用「似真性」做為評判小說的標準，因而特別著重小說的「寫實精神」。似乎一部小說要成功，它的人物與事件必須有「真實性」，亦即小說中所描寫的經驗必得應驗於現實生活。由此出發，考證小說中的人物與現實人物之間的對應，也成了讀者普遍都有的興趣。由古至今，有多少穿鑿附會的文字，是企圖找出小說人物的來源。閱讀我們認識小說家的作品時，我們不也是惶惶惑惑地找尋自己或其他共識朋友的影子？不勝其擾的小說家，不也再三在書前申明：「本書人物、事件均屬虛構，如有雷同，純屬巧合」？此處的弔詭現象是：我們一方面承認小說是一門創作藝術（因而承認虛構是小說的本質），另一方面卻強烈的期望小說所記錄的是日日發生的真實事件。

柏拉圖決定把詩人（文學家）趕出他的理想國時，就已認定了文學家的角色只在描摹現實。因而文學作品只是現實的反影，不若現實本身純粹，不配進入理想國。一個畫家所畫的蘋果，自然不如真的蘋果真實與純粹。千年之後，歷經了象徵主義、超現實主義、存在主義及各種其他主義，我們自可對柏老宣稱，畫家所畫的並不單是那隻蘋果，而是他對蘋果的詮釋與「蘋果的精神」，故而不一定要屈居次位。

其實柏拉圖的學生亞里斯多德已把文學由「描摹」的角色中解放出來。在《詩學》中，亞里斯多德承認文學作品有其獨立的內在生命，並不必要依附現實存在。他進而說，文學作品的好壞並不決定於其所描述是否能印證於現實世界，而在於作品中的起承轉合，與其內在的合理性與邏輯性。儘管一部作品所描述的事件，絕無發生的可能性，只要作者言之成理，脈絡分明，仍可算是一部好的作品。

亞里斯多德的理論，為文學家提示了「描摹現實」之外的另一條光明大路。但如果小說只是結構嚴謹的虛幻，與生命全然無關，又如何滿足讀者強烈「求真」的需要？小說家雖不必刻刻板板地在人物、文字與對話上寫實，卻仍必須在精神上寫實。換句話說，不管小說所用的素材為何，它仍必須呈現一種「真相」——也就是人類真實的處境。「真實」和「事實」的分野，在於「事實」是指「曾經」發生的事件，而「真實」則指有「可能」發生的事件。歷史家的責任在記載與分析「事實」，文學家的責任則在刻畫「真實」。昆德拉（Milan Kundera）就曾說，小說不在描摹現實人生，而是在呈現人類處境的各種「可能性」。以卡夫卡為例，他小說中的事件沒有一件是可以印證於現實的：《蛻變》中的主角一覺醒來成了一條大蟲，《審判》的主角自始至終不知自己所犯何罪。然而卡夫卡小說中所呈現的「真相」則是強有力的。有什麼其他的描寫比一條大蟲的意象更能「真實地」刻劃現代人意識與形體間的齟齬？或比《審判》一書更能描寫出現代人在複雜的官僚政治體系下的困惑與無所依從？

許多讀者卻寧拘泥於「事實」而不見「真相」。曹雪芹在寫紅樓夢時，是否也怕紅樓夢只被讀者當成一本自傳或愛情故事，因而刻意創造了太虛幻境及寶玉與黛玉的前身，企圖引起讀者追求多層寓意的興趣？然而數百年來，讀者仍鍥而不捨地在曹雪芹生平故事中找尋黛玉與寶釵影子。

小說家的工作既在呈現「真相」，則他所寫的人物、事件，不管是取自現實，或是虛構，都只是為呈現真相的媒介，就如畫家使用的線條與顏料。而讀者是否看得到線條與顏料之後的真相，則在個人的智慧與學養了。每一位讀者所見的真相也不見得相同，一部小說亦就有多種讀法。這是讀者與作品之間的關係，作者無法控制，自也不需負責。拘泥於故事中的情節，而以為那是「唯一」與「正確」的讀法，或一廂情願地自認知曉作者本來的「意圖」，那只是讀者自身的傲慢了。

如此看來，「魔鬼詩歌事件」又是一個讀者只求「真事」不探討「真相」的例子了。雖然《魔鬼詩歌》一書以超現實的手法寫成，全書如同夢囈，但這種技巧仍擋不住「實事求是」的讀者群，一手捧著小說，一手捧著默罕穆德傳，做一對一的求證。且不論《魔鬼詩歌》在文學藝術上的成敗，但其所引發的事件，卻顯示著讀者對小說藝術的漠視，以及對小說創作自主權的否定。

拘泥文字的「真實」，也並不只限於小說的閱讀上。現今多少宗教上的紛爭，亦因信徒拒絕跨越文意，去尋找經典中更深的宗教與象徵的意義。這是否也是二十一世紀精神生活危機的另一顯象？

脫下理性的雨衣

有人認為宗教的信仰禁不起理性的檢查，甚至可能蒙蔽理性，因而指出信仰與理性是在長繩兩端做著永恆拔河的對手，或是兩名對奕的棋手，下著一場無法有結果的棋局。其實，與其說理性與信仰是要一拼勝負的對手，不如說它們是在一場跨國合作計劃中操縱著不同語言與功能的同僚。

哲學史上有「理性的醜聞」（the scandal of reason）這個辭句，所謂「理性的醜聞」指的就是理性的不足與尷尬，它指涉著心智對某些議題不得不思索，卻又沒有能力得到確定或可被證實的答案。比如面對「神的存在」與「靈魂不滅」這樣的議題，理性永遠無法為我們提出完美的答案。理性雖然無法證實神的存在，但卻也不能證實神的不存在。僅靠理性，我們無法毫無疑問地說神是存在的，同時，我們卻也無法斬釘截鐵地說神是不存在的。

康德稱這類「不可知」的議題為「終極問題」，並針對「理性的醜聞」而將人的心智做出了某種區分，他把處理知識與處理終極問題，分派給不同的心智機制。理性（康德稱為知性）處理的是可被分析與驗證的知識問題，它能給予我們「了解」。而處理「終極問題」的卻是如信仰這樣的另一類的心智機能，它所給予我們的卻是「意義」。

宗教所面對的是終極問題，而不是知識的問題，所以不在理性的處理範圍之內。換句話說，宗教所追求的不是「了解」，而是「意義」。所以能給予我們了解卻不能給予我們意義的理性，在宗教中並無太大的用處。理性不能處理宗教提出的問題，而能以理性處理的問題，也不再屬於宗教的範疇，而落入了知識的領域。比如，上古時代由於知識的欠缺，而將諸般宇宙現象訴諸於神，隨著理性介入增加了解後，這些就落入了知識的範疇，而不再是宗教。同樣的，任何像二加二等於四這樣能被理性驗證的議題，也就根本不是宗教所要探索的。

然而在知識的邊界之外，仍然有著關乎意義的終極問題，不能被理性或知識回答。比如，科學應用理性從事分析與證明，擴展了我們對宇宙的「了解」，但卻不能告訴我們宇宙的「意義」。知識回答了「什麼」（what）與「如何」（how）的問題，卻永遠無法回答「為什麼」（why）的問題。物理學家能仔細地告訴我們宇宙的形成與如何發生，卻不能告訴我們萬事萬物「為何」是如此地運轉生成。生物學家可以畫出基因的圖表，甚至可以用細胞製造新的生命，但他們依然不能告訴我們生命「為何」存在。

宗教是對意義的追索，宗旨不在了解。知識追求著對宇宙的了解，卻無法提供意義。兩者各自滿足著人類不同的訴求。以其一統領另一的競爭，不但沒有意義，更犯了範疇上的錯誤。啟蒙運動發生的十八世紀之前，宗教有著較強的勢力，所以對於不合教義的科學予以打壓，伽利略就是其中的受害者。然而在科技發達的現代，我們卻有著相反的以科學驗證宗教的傾向。比如一些自以為「先進」的宗教人士，就努力宣揚他們所信仰的宗教是如何地符合「科學」，好像這樣的論證可以抬高他們宗教的地位，或使他們的宗教更為可信。其實，任何能用科學（理性）解釋與印證者，就已不再是宗教了。比如說，熱切的教徒收集現代氣象的新知，而證明紅海在低潮時確實可以容許逃亡的猶太人在上行走，但卻會使追趕的埃及馬車陷入海底，他們用此證據說明聖經裡的出埃及記是十分合乎科學的。然而一則紅海漲潮退潮的科學知識，如何激起宗教的情操？這樣的驗證，除了只是一則關乎自然現象的觀察之外，完全抹殺了神蹟的意義。宣稱聖經的敘述符合科學的說法，或是堅持創造論應與進化論平起平坐地被包括在科學課程之內的決策，不但沒有抬高宗教的地位，卻反強將宗教隸屬在科學之下，使之成為了一則必以理性辯證才能存在的知識命題。

對宗教的「思索」與「信仰」，卻又是完全不相同的兩件事。前者是哲學的思考活動，後者卻依據著是情感成份多於理性的「信心」。哲學家可以傾注一生反思那些終極問題，但他不必然會成為一位宗教上的信徒。一位熟讀聖經、佛經、或是可蘭經的人，只是有著豐富的宗教知識，卻不見得能夠成為信徒。要成為宗教上的信徒，必有十分個人化與感情化的「信心」，也就是齊克果所說的「信心的跳躍」（leap of faith）。這種信心使人在面對理性與知識無法解釋的情況時，全盤地擁抱教義，自信且無懼地從可知的崖壁跳入那不可知的深淵。這種激情不是理性可以導證得出，更不是理性所能允許的。如果要在普遍的經驗中找尋對比，墜入愛河的不顧一切與不明所以，可能反是比較接近的一種情愫。

所以那些以「非理性」來批評宗教的人，和那些想以理性印證宗教的人一樣，都犯了範疇錯置的過失。宗教在理性之外操作，所滿足的亦是人類理性以外的訴求，宗教不能以理性做詰責的尺度，因為它不是理性的，也不是非理性的。它完全建立在理性之外的另一種經驗之上。

因此，我們若將聖靈比成一場雨，要進入宗教的國度，理性可能就是那件應被放在門外的雨衣。也只有暫棄理性的質疑，我們才有被聖靈之雨淋透的可能。

鬥牛士

任教於普林斯頓大學哲學系的法蘭克福教授（Harry G. Frankfurt），於二〇〇五年出版了一本只有六十多頁的小書，這書有個十分令人側目的題目：《*On Bullshit*》。出人意料的是，這本「哲學論述」大為暢銷，並被譯成二十五種不同的文字，成為了出版史上的一個異象，不僅它那哲學內涵與行銷記錄，與常理不符，它瘦小且無法在書架上站立的體形所引進的暢銷金額，以頁數為單位計算利潤，必也創下某種史無前例的記錄。

「Bullshit」雖然日日被使用，卻終久是一個髒字（所以當我在圖書館中借出這本書時，我敏感地看到館員嘴邊那一抹不懷好意的訕笑）。至少，這字是不能在公共電台裡播放，偶而出現，也規定要被人造的嗶嗶之聲洗去，若在報章雜誌中刊登（如我以下所引的《紐約時報周刊》），則必要改印為「bull----」（以下刪去四個字母），在口語中非講它不可時，文雅一點的人就說ＢＳ。中文裡與它意思最為接近的有兩個表情，一是「吹牛」，一是「放屁」。兩者各有其在翻譯上的長處，前者與原文碰巧都有「牛」意，能給譯者一種驚喜，但它卻太過於雅緻，在精神上沒有後者與原文較為接近的粗野與淋漓，且又不像後者，含括了原文中有關消化器官排除廢物的指涉。可惜的是「吹牛」與「放屁」兩者都是動詞，與做為「bull----」的名詞在用法上不能完全切合；（英文中強把bull----做為動詞用時，必要轉化為分詞，如「Are you bull----ing me?」）。因此，我們說一本書或一句話充滿了「bull----」時，不能說它充滿了放屁或吹牛。要轉化為中文裡的名詞，「bull----」的直譯應是「牛糞」，但牛糞在中文裡所指的彷彿是另一種不自量力的僭越，卻無關言辭上的不遜。也許是不同文化對不同動物的偏見，英文中的「牛糞」似乎比較近中文裡的「狗屁」。

在斟酌這字妥當中譯時，我在網上查到台灣已有這本書的中譯本，是由南方朔先生譯成，題目就叫《放屁！》。果然是痛快淋漓的譯筆！但這大辣辣且十分過癮的戲劇性手勢，卻可能犧牲了原書哲學冷靜掛帥的反諷意境。也許譯成《論放屁》，把《論》這麼個高眉與堂皇的字眼與「放屁」並用，才更能點出原作者以嚴肅的哲學方法解析放屁症候的初衷。

《*On Bullshit*》一書脫胎於一篇文章，原文發表於由洛格斯大學（Rugers University）出版的Raritan雜誌上（1986）。主旨在探討現今社會何以史無前例地充斥著言不由衷的鬼扯，所謂的狗屁橫流。文中，作者以哲學的辯證方式，開宗明義地區別了「放屁」與「說謊」之間的分野。「說謊」的人雖然歪曲真理，但他說假話時，心裡卻知道真理為何，而開口就「放屁」的人，卻對真理有著全然的冷漠，他們並不在乎何者是真，何者是假，他們所放發出的狗屁言辭，目的全在操縱聽眾或讀者，並以取得自身的利益為依歸，這些利益包括了政治的權勢，商業的利潤，或是學院裡的地位及遷升，因此與「說謊」者相比，「放屁」者反而是真理更大的敵人。至於狗屁橫流的現象何以會在現今社會中如此昌盛，法蘭克福教授將之歸罪於興起於上世紀末的後現代理論，後現代主義否定客觀真實的存在，而以解構的方式用一己的角度詮釋世界。此外，現代社會亦提供著種種製造狗屁的文化氛圍，在政治、社會與學術的格局裡，人們常被要求一抒己見，因此不管他們對所討論的話題有無研究心得，也必要演繹一番，為維護私己的顏面與地位，他們就必然要假做權威，之乎也者一大頓，憑添出大量與真理掛搭不上的狗屁。

繼《論放屁》一書的成功後，法蘭克福教授再接再接再厲，新近出版了另一同樣短小的姊妹作《論真理》（*On Truth*），此書特別集中火力，對學術界的擺譜，尤其是後現代理論所衍生的各種空無內容卻洋洋灑灑的厥辭予以痛擊。十月底《紐約時報周刊》有一篇對他的專訪，人如其文，法蘭克福教授在訪談中精銳簡短地做答，毫無一句廢言，由於太過精采，我不得不大量將訪談內容摘錄於下：

問 你寫的《論放屁》這本書在去年意外地成為了一本暢銷書。

答 什麼叫意外？難道買書的人不知道他們買的是什麼書嗎？

問 你一共賣了幾本？

答 四十多萬本。譯成了二十五種語言，包括克羅埃西亞文、韓文這些不是歐語系的語言。

問 葡萄牙文的書名是「Sobre Fala Merda」，義大利文是「Stronzate」，法文是「De l'Art de Dire des Conneries」。這些是你原來的意思嗎？

答 這書被譯成的語言中，有許多並沒有與「Bull---」相當的字，這使我覺得非常困惑。

問 你覺得如果這本書的題目不是那麼引人側目，比方說叫《論說謊》，它會賣得那麼好嗎？

答 當然這書名的顛覆性與它的成功有點關係。但從我所得的反應看來，還有別的因素存在。這個國家顯然有著某種對真理的飢渴。

問 在你的新書裡，你對學院派及他們各種後現代主義的理論撻伐尤烈。後現代主義將所有的真理視為人的建構而不是獨立存在的現實。

答 我在耶魯大學教過書。耶魯大學一度是後現代文學理論的中心，德希達（Derrida）在那裡，德曼（Paul de Man）也在那裡。《論放屁》那篇文章最初也是在耶魯寫成的，有一位物理系教授告訴我，這是非常合宜的，那文章非在耶魯寫成不可，因為耶魯是全世界的放屁大本營。

問 與學術界相比，政治界及娛樂界難道不是存在著更多的狗屁？

答 希望如此！

問 那你還在教授的哲學界呢？

答 哲學界也有相當多的狗屁。很多人強要假裝自己有重要的理論，於是製造出一些無法穿透的語言來掩飾其中並無大義的真相。

問 你認為什麼是追求真理的必要條件？

答 辨視真理要求無私。你必須把自己置身事外，以期發現事物真正的運作方式，而不是事物在你看來如何，或是你對它們的感受，或是你想要它們成為的樣子。

……

問 讓我們再來談談你的新書。這本書為什麼這麼短？只有一百零一頁。

答 嗯，《論放屁》更短。我喜歡這樣。

問 因為短書較不容易裝得下學院的狗屁？

答 我認為短書可能也有很多狗屁，但是一本長書幾乎必然有著很多的狗屁。

身份與認同的政治

非裔籃球明星「神奇」強生（Magic Johnson）在二〇〇八年民主黨提名競選中，決定支持希拉蕊，因此經常要面這樣的質問：「你為什麼不支持同是非裔的歐巴馬？」這魯莽的問題暗藏著極為嚴重的種族歧視情結，因為它假設著少數族裔不能有個別行動的空間，「必須」支持「同族」裡的候選人。換句話說，主流社會的人，可以在政治上做出屬於個人的判斷與決定，少數族裔卻只能做群體思考。這是對個人獨立的污衊，也是所有偏見的根源。

以「身份認同」掛帥的政治思考方式（identity politics），並不僅限於種族的範疇，而泛濫到了所有「界定」少數族群的參數，性別就是其一。二〇〇八年美國大選中，我們第一次有了強勢的女性與少數族裔的候選人，「身份與認同」的政治就更被搬上檯面，而展開了各樣的變奏。

非裔女性名主持人歐普拉（Oprah Winfrey）決定支持歐巴馬，雖然做到了「忠於族群」的要求，卻引起了另一組「少數」族群——女性——的圍剿。有人先說她支持歐巴馬是玩種族牌（但不支持則又是背叛），後又有大批支持希拉蕊的女性觀眾在歐普拉的網站上，對她展開叫罵，說她長久受女性觀眾支持，卻在節骨眼上背叛女性，不支持第一位女性總統候選人，卻支持她的敵手。

歐普拉這種有「雙重少數」身份的人所面臨的，就正是認同政治的難堪與不合理。不管當事人做如何的選擇，都將受到另一族群的批評。然而，強將選民以「群體」歸類，並以此派定他們所「應有」的政治立場，不但是最違反民主的思維方式，在本質上，亦是一種變相的種族歧視與性別歧視。「歧視」與「偏見」最基本的定義，就是漠視個體與個性的存在，而對一組人強加以「先設」的行為模式，比如認為非裔「都是」如此，亞裔「全是」這樣，拉丁裔「一定」那樣等……這種「先設」的基底，雖然通常是從主流族裔的視角與判斷出發，但不幸的是，少數族裔有時卻比主流社會，更易陷入「認同」政治的泥沼。他們所顯現的，也許不是主流社會的傲慢態度，但卻是同樣偏頗的「少數人翻身」的革命情操。比如那群向歐普拉大肆抗議的女性，她們的憤怒，就是針對歐普拉不為成就第一位女總統的事業盡心。同樣的，非裔社區裡亦有人譴責那些不支持歐巴馬的非裔選民奴性未消，竟去支持白人。少數族群在希望與自己「同類」的候選人能當選的急切中，不自覺地也陷入了「認同政治」的迷思，而認為有同樣身份的候選人，必定有著最利於此一族群的政策，他們籠統地認為女性候選人必定最能維護女性權益，非裔候選人也必定最能維護非裔的權益。

少數族群的候選人，雖因親身經歷過社會的偏見與不公義，而必有獨特的視角，但僅以身份認同來評估一位政治家在政策上的優劣，終究仍是一種謬誤。它使我們盲目於其他的可能：比如，歐巴馬雖不是女性，卻可能在維護女權上，提出比希拉蕊更有效的政策，而不是非裔的希拉蕊，又未嘗不能在非裔民權的爭取上，比歐巴馬更有績效？

「身份認同政治」不僅使我們目光窄淺，亦使我們對候選人行為評斷採取不一致的雙重標準。出自不同組群候選人的同一行為，可在選民意識中，產生完全不同的反應。希拉蕊在新罕布什爾因一時哽咽而大獲同情選票，莫斯基（Edmund Muskie）卻在一九七二年因掉眼淚而輸了黨內提名。男人掉眼淚是懦弱，女人掉眼淚則是真情流露。此外，在二〇〇八年民主黨初選的選戰中，愛德華茲（John Edwards）對社會貧富不均所表現出的憤怒，如果轉移歐巴馬身上，就將有全然不同的效果。憤怒的黑人，使人立即想到革命與黑豹黨。一名為社會不公義而憤怒的白人男子，引人崇敬，而一名憤怒的黑人男子，不論使他憤怒的理由為何，都將使人恐懼難安。

所以，希拉蕊與歐巴馬雖然一再強調，希望被當成獨立的個人看待，而不只是「女性」，或「少數人種」。但在這「身份認同」無孔不入的政治氛圍裡，再有理想的政治家，也很難真正超越種族與性別在政治上的隱意，更難不受「種族牌」與「性別牌」這類政治技倆的騷擾。

買一送一與二對一

美國前總統柯林頓一九九二年參選時，時時要為自己那位有爭議性的妻子辯護，希拉蕊拒做傳統的配偶，不但時出驚人之語，亦有自己強烈的政治立場。當時柯林頓打出「買一送一」的口號，企圖說服選民，這位銳利明快的老婆，不但不是政治累贅，還是政治資產，他若能入主白宮，選民得到的不只一個、而是兩個聰明絕頂的腦袋。

十六年後，輪到希拉蕊出馬選總統。那個「買一送一」的廣告，似乎仍然有它的效應。不少支持希拉蕊的人，明白表示支持她的原因，就是希望再把比爾送回白宮，做那憲法所不容許的第三任期。希拉蕊雖然有著優異的政治能力，也有獨立於丈夫之外的參議員生涯，但不可否認的是，不論在募款機制或黨內組織，她的競選力，大部份是來自丈夫厚實的後台。

然而在黨內提名的選戰中，比爾卻不再只是後台，更跑到了前台，十分令人矚目地為老婆公開助選。比爾有一流的口才，又比希拉蕊鬆動討喜，所以早有人生出了他在搶風頭的怨言。偏偏柯林頓又是無可救藥地以自我為中心，一上了台就忘了是在助選，卻只講自己，在一次短短的演講中，竟被記者數出了九十二個「我」字。使得希拉蕊競選總部一度不得不將鋒芒太露的比爾暫時冷凍。

愛荷華初選失利後，希拉蕊陣營卻決定再拿出比爾這項法寶，企圖阻擋勢力增強的歐巴馬。復出的柯林頓總統立即像一頭獵犬，撲向歐巴馬，他先說歐巴馬的反戰紀錄是「童話故事」，再揚言選歐巴馬做總統是像賭徒丟骰子一樣地大冒風險，接著又抗議內華達州票選處設在賭場有利歐巴馬，然後又指控歐巴馬稱讚前總統雷根是為共和黨說話。一兩個星期內，我們幾乎天天看到比爾紅著臉，揮動著食指，激烈地與記者爭論咻咻。先不論他對歐巴馬的指控是合於事實的批評，還是無中生有與斷章取義的抹黑，最令人質疑的卻是，一位美國前總統如此地捲入選戰，尤其是扮演這「打手」的角色，是否合宜，是否公平？批評他的人，舉出大布希總統在自己兒子競選活動中的低調忞態為例，而認為比爾太失元首風範。

歐巴馬被攻擊了幾個星期後，終於決定反擊。在南卡羅來納州的辯論會上，兩位候選人展開了史無前例的相互抨擊。而那不在台上，也不在台下的柯林頓總統，卻正是這場爭議的中心。歐巴馬認為柯林頓總統對他的攻擊與事實不符，而且「二對一」使他弄不清楚是在與那一位柯林頓競選。希拉蕊則為比爾辯護，她說配偶助選是天經地意的事。歐巴馬和愛德華茲的老婆，不也都為丈夫助選嗎？

這火花亂飛的辯論當然最合媒體心意，聳人聽聞的標題紛紛出籠。而紐約時報政治部落格裡，兩位候選人的支持者亦展開了激烈的筆戰。希拉蕊的支持者說歐巴馬像個小孩，打不過就撒野哭鬧。歐巴馬的支持者則說柯林頓是說謊專家，為得政權無所不為。然而在這壁壘分明的筆戰裡，我卻特別注意到了署名「紐約海倫」所寫下的意見。「紐約海倫」一向是希拉蕊的支持者，也是激烈的女權主義者，這次她卻說：「現在比爾對希拉蕊最有助益的行為，就是閉嘴。」

海倫並不是唯一要柯林頓閉嘴的人。辯論的第二天，包括參議員甘迺迪的數位民主黨大老，紛紛致信柯林頓，要他檢點收斂。

說起來，希拉蕊為丈夫辯護的論點，也是十分牽強的。候選人的配偶當然有為自己丈夫或妻子助選的權利。但「支持」自己的配偶與「攻擊」對手，卻是全然不同的兩件事。正面強調自己配偶的長處，以此助長選勢，當然是可被接受，但是出言攻擊配偶的對手，就是十分不得體的行為了。愛德華茲的妻子伊利莎白也曾因攻擊希拉蕊以及歐巴馬的妻子米雪兒，而大受批評。所以批評柯林頓行為不當，並不是為歐巴馬說話，而是依據社會所認可的行為底線。

此外，將柯林頓總統與一般配偶相比，也難自圓其說。這還牽涉到了希拉蕊本人的徵信力。因為令選民——尤其是女性選民——感到不安的是，希拉蕊打著女性主義的旗幟，以第一位女總統的歷史意義來爭取女性選票，卻不能在「女性獨立自主」的形象上有令人信服的表現，反而更加深了她沒有老公就不成氣候的印象。華爾街日報的專欄作家佩姬盧能（Peggy Noonan）就曾質問，希拉蕊如果現在就沒有制約老公的能力，將來進了白宮又會是什麼樣的情景？

我們當然不用擔心比爾會「垂簾聽政」，因為他是絕對不可能會願意坐在簾子的後面，令女性主義者擔心的是，比爾一旦大剌剌地且明目張膽地統領一切，那位「女」總統，不僅是個符碼，還更是一個傀儡。

紐約時報的專欄作家摩英道爾（Maureen Dowd）一向以尖刻的筆鋒出名，然而在她名為〈二對一〉的文章裡，卻出現了這樣沈重的警句：「柯林頓這對被紐約郵報稱為兩頭怪獸的夫婦，要達到什麼目的，就會不擇手段地達到那個目的，儘管在這過程中被摧毀的，可能是他們自己，以及他們的民主黨。」

「買一送一」真是好主意嗎？我們能想像公司的主管隨身帶著老公或是老婆開會做決策嗎——不管他們的配偶是多麼地聰明能幹？希拉蕊似乎忘了她自己在九十年代介入柯林頓政權時所曾製造出的混亂與敵意。目前她的支持者仍願相信這只是選舉的策略，一旦選上，事事都安。但是比爾如果再如此猖狂下去，這種說法就難再有任何說服力了，尤其是對那些認為自己是在創造歷史而決定投選女性的選民，「紐約海倫」就是這樣的一個例子。

民主裡的「朝代」問題

二〇〇八年美國總統大選的超級星期二前，民主黨初選的戰場上終於只剩二人，一是非裔的歐巴馬，一是女性的希拉蕊。他們初次一對一的辯論，亦十分貼切地在多元的加州舉行。這場在洛杉磯柯達劇院舉行的辯論會，象徵著美國民主與民權發展史上最光輝的時刻。倒不只是因為這兩位有著少數族裔身份的候選人，一旦成為總統就能創造歷史新機，更也因為在這場辯論裡，兩位候選人一反慣有的針鋒相對，而以和平互敬的語調議論，在在彰顯出美國民主最令人嚮往的面貌。

對政治尚懷理想的人們，都恨不得能將這場辯論做永遠的停格。因為辯論會後，犬儒的政論者，必然要以選戰策略的語彙，解構這份和諧，而將之拆解成毫無誠意可言的利益計算。紐約時報的摩英道爾（Maureen Dowd），就說歐巴馬與希拉蕊故做友善，兩人都應獲得奧斯卡的傑出演技獎。

其實在唯恐天下不亂的政論者攪局之前，辯論中一位選民藉網路傳來的問題，就已適時地戳破了理想的氣球，而凸顯了美國民主制度中不盡完美之處。

這位中年女性的問題，針對希拉蕊而發。她說從自己可以投票以來，選票上就一直有著布希與柯林頓的名字，在過去的二十年中，選民簡直無法逃脫這兩個家族，這「朝代式」的傳襲，是否有益於民主？

其實，自從希拉蕊宣佈參選，「朝代」的問題，就不斷地被人提出，二十年間只有兩個家族進出白宮的事實，亦令一向以民主精神自豪的美國人深感不安。社論與部落格對此都有激烈的討論。甚至有以「永恆的布希與柯林頓」（Bush-Clinton Forever）為名的網站成立，他們列舉老布希、比爾柯林頓、小布希、希拉蕊柯林頓，又揶揄地預測此種朝代模式的繼續繁衍：二〇一七年是傑布希（Jeb Bush），二〇二五年是柯林頓的獨女雀兒喜（Chelsea Clinton），二〇三三年是傑的兒了小小布希（George P. Bush），二〇四一年輪到巧希的丈夫，二〇四九到二〇五七則該是小布希的女兒婕娜……

雖然二朝布希與柯林頓都是民選的總統，但是權力長期停駐於兩個家族之中，到底不是號稱最民主的美國所能引以為傲的現象。有人甚至以此做為杯葛希拉蕊的理由。弔詭的是，我們如果以終止朝代為名，因姓氏而反對希拉蕊，那豈不正是最違反民主精神的行為？民主最基本的要求，就在於將個人優劣的論斷界定在個人的層面，而不扯進種族、性別、姓氏、或背景。任何人——包括希拉蕊——都不該因姓氏而受罰。

希拉蕊在辯論會上的回答，也是循序著這樣的邏輯。最終，她還以開玩笑的口吻說：「第一個柯林頓清理了第一個布希所留下的爛攤子，我們大概還是需要另外一個柯林頓去清理另外一個布希所留下的爛攤子。」觀眾報以熱烈的掌聲。是炫耀此黨優於彼黨的忠黨手勢。但是希拉蕊的說辭，卻正擊中了「朝代」問題最敏感的一根神經。如果一個國家的歷史，只靠兩個家族間的起落來推動，或說一個家族的爛攤子只能由另一個家族來清理，這又是什麼樣的民主呢？希拉蕊說自己雖有一個響亮的姓氏，卻仍和所有人一樣，都要在相同的政治過程裡打拼與爭取選票，所以到頭來，大家都是平等的。她的自辯之詞，卻反諷地彰顯了「朝代」問題的癥結。因為大家都知道希拉蕊的說詞與真實不符，她的姓氏當然給了她極大的優勢：從知名度、募款、人脈等，這也是為什麼布希與柯林頓的家族能在二十年內維持著勢力的部分原因，權力的壟斷，使他人進入政治的過程更為艱難，也使競爭者無法站在相同的立足點上。

嚴格說來，希拉蕊也不是唯一有著承繼「朝代」嫌疑的候選人。甘迺迪家族對歐巴馬的支持，也讓許多人感到不安。甘迺迪到底是美國政治中最能象徵「朝代」的家族，因此，他們對歐巴馬的支持，雖然不是建立在姓氏之上，仍免不了有著「欽定」的底調，似乎與民主的理念與精神有所違逆。

所以柯達劇院那場辯論雖然動人心弦，卻仍暴露了民主制度所不能完全清除的特權、背景與姓氏的暗流。除非公共助選基金的法案能被實現，否則政權完全屬於人民的說法，是無法有絕對的真實性的。

輯四

微言

登山

那年暑假在洛磯山中避暑。做父母的在一起時，都愛講述自己的兒女如何四體不勤，在大好的山色中，不但不肯多費腳力享受登山樂事，卻十分擾人地抱怨不停。一位朋友形容他十四歲的女兒，如何在山路上不停地重覆：「我真不懂這到底有什麼意思，辛苦地走上去，又辛苦地走下來，結果還是回到了原地。」大家聽了好笑，覺得她說的也不無道理。對這樣的抱怨，大人們可能可以做這樣的答辯：「那人生又有什麼意思呢？辛苦地被生下來，辛苦地活一輩子，結果還是要死掉。」一面對十四歲的孩子，多數人大概是不忍這樣說的。十幾歲的年齡，爬山可以虛無，人生卻還不能虛無。

對那「人生何意」的問題，最典型的答法，大概就是「人生在乎過程」那一套的說辭了。「是為過程還是為目標」，真是老掉牙的話題了。我們講旅遊、談詩、論舞蹈，似乎都扯得上這個題目。然而「過程」與「目標」兩者之間的曖昧張力，卻沒有比在登山這事上，表現地更明顯的了。因為，登山有個極明顯的「目標」，也就是那個山頂，但弔詭的是，登山活動卻並非終止於山頂那個目標，因為我們還有下山的路要走。最終，我們卻又回到了原來的地方，起點與終點之間的距離為零。

登山人為了眾多不同的原因登山。有人十分實際地只是為了健身，山嶺於是只有著健身儀器的功能。有人登山是為了要「征服」各種山嶺，所以我們常見到登山隊的大旗插在山頂的照片，對這些人而言登山是咬牙切齒的掙扎，為的是在登山記事簿上多加上一個新的山嶽之名。

但我那天在山路上所遇見的一位登山者，上下同一座山峰前後已有上百次之多。「征服」當然不是他登山的目的。像他這樣的登山者，對於為何登山的問題，大概都會答道：「啊！登山，是為了過程。」這正是我那位朋友，對他十四歲的女兒所說的話。

然而登山的「過程」又是什麼呢？是自己的氣喘咻咻與腰酸背痛？還是山中的一草一木，與平地不得一見的景緻？登山是為了體驗自己的存在，還是山的存在？

我們的兒子那時只有五歲，走在山路上，不停地以五歲孩子的急切追問：「什麼時候才到山裡？什麼時候才到山裡？」告訴他我們已在山裡了，他卻如何也不能信。因為他一直在等那個圖片中常見的椎狀物體，那個叫做山的物件。我自然想到「不識廬山真面目，只緣身在此山中」這句話。但是什麼才是山的真面目呢？是圖畫中那個椎狀物體，還是我們腳下所踏著的蜿蜒山路，與鼻中所吸進的山野空氣？一個人的真面目，是一張亮麗的照片，還是日日相處後所透露出來的性情？如果我們認為山與人一樣，真面目不以形體界定，而以性靈界定，那麼「不識廬山真面目，只緣身在此山中」這句話，真應改寫成「要識廬山真面目，只能身在此山中」。

站在山頂，山下的景色盡收眼底，一個人所能感受到的，恐怕也不是「征服」那樣簡單的情緒。「征服」意味自己高於山嶺，顯然有點自我膨脹的嫌疑。其實，山下景色渺小微茫，不正該教人謙卑？「登泰山而小天下」，因為自己乃是天下的一部分，該「小」不是天下，而是自我。

希臘神話中的西希佛斯，為神所譴，終生以推巨石上坡為業。巨石一及坡頂，必又滾落谷底，周而復始，不停不歇。這則神話早已成為「徒然無功」的隱喻，印證著那位十四歲女孩的登山心情。存在主義哲學家卡謬（Albert Camus, 1913-1960）卻對這反覆無止的作業做出了不同的反思，他肯定著那反覆裡可能的快樂，因為只有如此，與西希佛斯的懲譴同質的人生才可能有意義。尼采更對不止息反覆的荒謬創造出了「恆久重現」（eternal recurrence）的辭句，以做為一個人是否熱愛生命的測試。依照尼采的描述這「恆久重現」意味著：「你所過的生活將重複無數次，且沒有新事物加入，每一痛苦，每一快樂，每一思想，每一口嘆息……都將重新回到你的身上——而且完全以同樣的次序，同樣的時段發生。存在的永恆沙鐘，將不停地被翻轉再翻轉，連你這群沙中的一粒沙塵也包括在內。」如果對這恆久的重現仍能發出肯定的答案，那才是生命力的真正表現。

看來要超越生命徒然的荒謬，人只有將自己全心投入生命的活動之中，特別是對象徵著生命的上山下山的重複活動。那是面對生命荒謬命題的唯一途徑，因為，生命的意義就在生命，而登山的意義也只在登山。卡謬在《西希佛斯的神話》（*The Myth of Sisyphus*）中寫道：「向上的掙扎充實人心，西希佛斯必然是快樂的。」而除了「征服」與「健身」之外，登山的神奇，是否也就存在於那「向上的掙扎」中呢？在那垂直向上的移動裡，我們忽有超越的幻覺，好似如地心吸力那樣斬釘截鐵的生命律令也可暫被停息，也就是那一剎那的振奮了，它使我們忘卻了終要回到生命原處的、那一切徒然無功的無奈。

自由的過程

米開蘭基羅的雕刻作品「大衛」（David），是文藝復興極盛時期的代表傑作，也是佛羅倫斯旅客「必遊」的景點之一。然而匆忙的旅客來到「大衛」所座落的學院美術館（Galleria Dell'Accademia）後，卻通常直奔目標，在雕像四周走上一圈、發出幾聲由衷的讚嘆後即匆匆離去，趕赴下一目的地。不少旅遊書籍與旅遊網站，也明白地告示讀者，在美術館鱗次櫛比的佛羅倫斯，學院美術館所值得逗留的也就只有「大衛」這件藝術作品了，它們通常給學院美術館以十到二十分鐘的預估旅遊時間。

因為大批人群的來去匆匆，和其他美術館相比，小小的學院美術館時時透露著一份紛擾雜沓的緊張。而美術館也因大衛這出名的「居民」，而自然被劃分成了兩個世界：與人聲吵雜的「大衛」周遭相比，美術館的其他角落，顯出一分難堪的清冷。值得慶幸的是美術館有著嚴禁照相的規定，否則大衛不但要長期承受閃光燈的侵襲，這座雕像也將淪入像日本金閣寺那樣的命運，只是旅客為要存證「到此一遊」的照片背景。在不能咔嚓一聲就了事的情況下，遊客被迫多用一點心思，至少要在意識的層面上，用心地將作品的影像印刻在自己的心眼之上。

顧名思義，學院美術館原本是一所美術學校，後改為美術館，收集了不少文藝復興前後時期的作品，這些繪畫與雕塑，在藝術品豐足的佛羅倫斯也許算不上是至寶，但若移師其他城市，卻都能成為寶貝。然而自從一八七三年「大衛」由佛羅倫斯的市政廣場（Palazzo della Signoria）移至室內後（一九一〇年另置一複製品於廣場原處），館中的其他文藝寶藏，就命定了要被淹沒在「大衛」的長影之下了。雖然不能與「大衛」爭風頭，這些零星的作品，卻也靠著為一睹「大衛」風采的人所付的入場費，而得以被妥善的保存照管。

然而對我個人而言，在遊遍佛羅倫斯的大小美術館，飽食豐盛文藝復興的藝術大餐之後，最讓我銘記在心的感性時刻，卻發生在走向「大衛」雕像的長廊上。「大衛」被放置於普及歐尼長廊（Galleria dei Prigioni）的末端，聳立於一圓形屋頂所界定出的高曠空間裡。雕像全高十四英呎（將近四米又三十四公分），安放於一座高於兩米的台架之上，使近觀者只能採取仰望的視角。而普及歐尼長廊當然不是進入學院美術館後的第一個陳列室（所有精彩的事物都應有半遮半掩的神秘感），進入學院美術館後的第一個陳列室是掛滿畫作的安提可羅索室（Sala dell'Anticolosso），由安提可羅索室右轉進入普及歐尼長廊時，人們的目光立即被聳立於長廊末端的雕像吸引，在採光極佳的圓頂覆蓋下，「大衛」發出著精瑩剔透的光輝。一旦看到，目光就難再轉移，它像一枚巨大的磁鐵，緊吸著人們驅前的腳步。

然而在目不斜視的前進中，觀者所極易錯過的，卻是那場我所認為佛羅倫斯最感人的藝術景觀。在通往「大衛」的走道邊，陳列著四件米開朗基羅未完成的雕刻作品，是四位奴隸的寫像，這組作品被定名為「奴隸」，亦名「囚禁者」。四件作品處於不同的創作階段，但被表象的主題都已隱約可見，部份完成的人體——身軀，側體，肢體——令人驚心地浮現在仍然粗獷的原石中，線條與原石緊密地糾結於一處，其所製造出的視覺效果，竟是被囚禁於巨石中的人體，正奮力地要破石而出。因為被封凍在未被完成的狀況裡，那逃離的姿態就永遠地被定格在不能到達的進行式之中。粗糙原石襯托著米開朗基羅銼刀所塑出的線條，更加強了逃逸欲望的急切，以及要逃卻不能逃的阻逆，對觀者發出即刻的震撼。米開朗基羅在亂石中所刻劃出的動人觸感，使我們難以不對那最終的命運生出悲憫，卻亦難以不對那奮勇的企圖生出感佩。

這是觀看「大衛」前，最合宜的序曲了。這些仍被囚禁在原石中的形體，使徹底掙脫粗糙的原石、而以最光美潔淨形象現身的「大衛」，發散出更大的榮耀。

所以當目光由這四尊陰暗的巨石移向「大衛」時，我們幾乎需用雙手遮掩它所發出的光亮。在那一刻，我心中浮現的詞句，竟是美國民權領袖金恩博士的呼喊：「自由了！終於自由了！」掙脫束縛的大衛，凱旋地站在崇高的台柱之上，晶瑩剔透，見證著自由與完美。

大衛是聖經裡的英雄，他以單薄的勢力戰勝強大的哥利亞（Goliath），從此成為以少勝多、以弱制強的象徵。一五〇一年佛羅倫斯市府徵選米開朗基羅創造「大衛」的初衷，就是要以大衛的傳奇來表現「自由」的概念。所以在意義上，大衛與四位奴隸的並列，的確彰顯了自由與奴役的對比。然而，自由在此的意義更早已超越了最表面的、作品主人翁的社會地位。在此，自由所涵括的，除了精神與道德的領域之外，更直指著藝術創作的過程。

藝術的創作過程，尤其是雕刻藝術的創作過程，亦是一種由奴役到自由的過程。雕刻的本質即在去蕪存菁，雕刻家以銼刀敲除贅餘的石塊，以顯現出他意欲表現的形體與形狀。他的工作不在添加，而是以篩選的手段，保留本就存在於原石裡的精要。換句話說，雕刻家的目的是將「形狀」自「無形」中「釋放」而出，使得藝術家心中的「構圖」，擺脫原始石料的無章與混沌，而得到最終的自由。

昆德拉（Milan Kundera）提出「本質的倫理學」（ethics of essential），更將這去蕪存菁的過程泛用到所有的藝術創作——包括文學創作，他認為藝術創作的目的就在除去「次要」的成份以保存「精要」。用雕刻的語彙來說，創作是在一塊巨石中劃分精要與雜蕪，進而以除去非精要的手段來顯現最精要者。米開朗基羅這四件未完的刻像，象徵著奴役，不只是因為它們是四名奴隸的雕像，更也是因為在藝術創作的過程裡，它們仍陷於次要贅石的囚禁中，精要尚未獲得自由。

在文藝復興時代，雕刻被視為最高的藝術形式，因為它模擬著神造萬物的過程。本著這樣的藝術觀，米開朗基羅創造「大衛」時，相信大衛的形體已存在於那塊巨石之中，就如同靈魂存在於每一個人的肉身之內。藝術的過程即在將那理想的形體，自渾然無形的原石中解放而出。

所以在學院美術館的普及歐尼長廊裡，我們所歷經的，不僅只是由未完到完成、由無形到有形，更也是由混亂到秩序、由奴役到自由的過程。因為歷經了這樣的過程，我們對「大衛」所生出的就不僅只是對完美的讚嘆，而更是對它如何從未完到完成的感動。這是對藝術創造過程的傾心，亦是對如神的米開朗基羅的人性的意識與知覺。

「大衛」這件完美的藝術作品激發著我們不可自抑的崇拜，而這四名永在掙扎並尚待解放的奴役，卻徹底地感動著我們。也因為這四件作品的感人力量，有些藝術史家竟然認為它們其實是並非未完之作，而是米開蘭基羅刻意要呈現「創作過程」的作品。不論這「未完」的況態是否是米開朗基羅設計的初衷，將這四件作品與「大衛」並列，無疑地製造出了強大的效果，那些尚且囚禁在石塊中的形體，使大衛的完成更見光潔，而他們被定格的掙扎，也使大衛最終的勝利，更現甜美。在普及歐尼的長廊上，我們所賞析到的，不只是一尊完美無缺的藝術傑作，更是那令人動容的藝術創作過程——那可以比擬於由奴役、掙扎、而終於到達自由的過程。

姊姊媽媽的

真相終於大白了！有關二〇〇六年世界足球盃決賽裡的打架場面。終場前十一分鐘，法國足球國寶齊達內（Zinedine Zidane），突然頂頭用力撞向義大利球員馬特拉齊（Marco Materazzi）的小腹。齊達內被判出局，法國隊以二分之差輸掉了冠軍頭銜。

從那戲劇性的一刻起，所有的流言都揣測是馬特拉齊先做了口頭的挑釁，是他先在齊達內耳邊細語了某種污辱的言辭，才激惹出齊達內的奮不顧身。至於那污辱言辭的確切內容，兩位當事人卻都不願公開談論。懸疑幾近一年，最近馬特拉齊為了新書打書，才將之公諸於世。

其實，用一本書去說清那罵人的話（或者應該說只因說了一句罵人的話就可以出一本書），似乎是小題大做了。多數人不用讀這新書，也能猜到那句話的基本內容。也只有觸及姊姊媽媽這類的髒話，才可能激起齊達內那樣的憤怒。

以污辱女性家眷來激怒對手的行徑，有著悠遠的傳統，和人類歷史同樣地古老。雖然說不敢罵當事人卻間接地罵他的女眷，是一種極端懦弱的行為，但這種攻擊策略卻有著無往不利的奇效。無怪乎，把姊姊媽媽和性扯在一起的罵人方式，幾乎出現在所有世界的語言之中。

講穿後，馬特拉齊那句製造長久懸疑的罵話，果然並沒有任何的原創性，還是在這姊姊媽媽的傳統裡打轉。他口吐的穢言大致可中譯為：「我喜歡像你姊姊那樣的妓女。」（至於馬特拉齊最初用的是義大利文、法文、還是英文，至今還被記者咻咻地爭論著。）

沒想到這樣一句毫無新意的咒罵，竟然影響了那樣一場重要的球賽。可見我們絕對不能忽視「姊姊媽媽」在人類——尤其是男人——心底那拂之不去的錯綜情結。

一位對中東文化稍有研究的朋友講起這件事，十分鄭重地說道，回教男子最大的恥辱莫過於自己的姊姊媽媽被污衊。言下之意，齊達內那維護姊姊媽媽榮譽的行為，乃是任何一位正直的男人所不能推諉的責任，為此而失去世界盃的頭銜，也是值得的。

然而隱藏在齊內達肢體動作中的，的確是那麼值得稱頌的動機嗎？首先，男子深覺必須身先維護女人名譽的動作，已然暗示著他們認為女子無力維護自己的利益，女子軟弱無能，所以必須仰賴男人保護，雖然在這場口頭的污辱中，女人根本沒有喪失任何名譽，也就沒有什麼名譽好被維護（齊達內對馬特拉齊的反應，簡直是認可了馬特拉齊惡言中所影射的不堪。）當然，更值得深問的是，男子這類行為所要維護的，究竟是女子的福祉，還是自己的清譽？令他們焦慮的是女子的受辱，還是女子的受辱可能帶給他們的負面影響？

某些原教主義盛行的回教國家，至今還存有所謂的「名譽死刑」（honor killing）。女子不幸遭遇性暴力時，最好找一根繩子自行了斷，否則，她的父兄有「義務」將她處死，以維護她的名節與家族的榮譽。然而，這些男子所關心的如果是他們女眷的福祉，那應該被處罰的，難道不是那位施行性暴力的男子嗎？但在「名節」（主要是關乎他們自己的名節）的大旗下，他們不但不覺得有撫慰受害姊妹的需要，卻還強把她們變成兩度的受害人，為了家族（也就是男性家長）的社會地位與清譽，那位已受「污染」的女性，必被清除。

我們忍不住要質疑這種以保護女子為己任的男性企圖。如果這種企圖真正的對象是女性的安危，那麼女眷遭到侵害，這些男子難道不應感受到一種未盡保護之責的自我愧咎嗎？依序該受責的，除了那施暴的罪魁禍首之外，不正是受害女性失職的父兄？

所以藏在這些「姊姊媽媽」的髒話之下的，毋寧是女性乃為男性財產的原始概念。這些髒話所激起憤怒的，無關女眷受辱，卻是男性感到財產的被侵犯。在如此的語境裡，「姊姊媽媽」也只是一種代稱，就連沒有姊姊媽媽的男人，也同樣會被這樣的挑釁激怒，而奮不顧身地要與對方決鬥，他們所要保護的無關女性，而只是自己的資產、權益、名聲與男性尊嚴。

我並無意對齊達內做個人的批評，他那千分之一秒內所做的反應，也只不過是更大的文化氛圍裡的產物。在此，我只不過想借他那未經思考的直覺反應，舖陳出他行為背後的、充滿著性別主義的集體意識。

希拉蕊傳奇

那天與好友瑪琪共進早餐，免不了又談起了正火熱進行的總統大選，瑪琪憤憤抱怨密蘇里州的參議員馬凱思科（Claire McCaskill）竟然決定在民主黨的初選中，支持希拉蕊的對手歐巴馬：「馬凱思科當初競選時，得到那麼多女性選民的支持，如今她卻成了女性的叛徒。」

希拉蕊最忠實的支持者，就是像瑪琪這樣的女性選民。她們對於美國將有一位女性總統的歷史時刻，充滿了期盼的熱切，自然會對那些不支持希拉蕊的女性同胞，表現出強烈的敵意。

但是，瑪琪的態度也並非所有女性共有，在我經常出入的紐約時報部落格中，就經常讀到與瑪琪完全相反的看法。而在希拉蕊的批評者中，言論最激烈的也屬女性，也就是那些自詡為是「純粹女權主義者」的選民。

希拉蕊本來就是一位引人爭議的政治人物，她雖然在民主黨的選民中，享有極高的支持率，但對她有「惡感」的選民比例，亦高居所有的候選人之上（一項民調曾顯示在任何情況下都不願投選她的人數竟高達百分之四十）。支持希拉蕊的人，通常都將這種惡感，歸咎於社會根深蒂固的性別歧視，她們認為一般人之所以對希拉蕊有強烈的反感，是因為傳統社會無法接受一位女性積極爭取權力的事實，政治野心在男人身上是一種值得稱道的優點，到了女人身上就成了跋扈的劣質。

這種說法自有其根據，兩性平權雖被談論已久，但在情感的層面上，我們對於男女政治人物依然採用著極端不同的標準。舉一個最簡單的例子：中國歷史上的昏君不少，但人們提起慈禧太后，卻有著卓然不同的情感強度，男人誤國值得被罵，但臭娘兒們誤國，除了腐敗還有性別的逾越，所以咒罵起來有著更多一層的咬牙切齒。

但是將一切歸咎於性別歧視的說法，也有它的侷限與危險。把批評希拉蕊的人全都歸類為性別歧視者，這本身就是一種蠻橫的性別主義，因為動不動就把性別歧視拿出來當做擋箭牌，實是拒絕將希拉蕊看成是一位可能有缺失、也可能值得被批評的個別體。堅持群體認同而否定個別性的恣態，就正是所有歧視與偏見的根源。

在另一個極端，那些激烈批評希拉蕊的女性主義者，本的卻是「純粹」的標準。她們認為希拉蕊的政治生涯完全違反了女性獨立自主的原則，而是仰賴著丈夫在民主黨內深厚的政治關係與募款機制。希拉蕊雖然是一名幹練聰明的女性，但是許多和她能力相當，甚或能力超過她的女性，若是沒有丈夫這層裙帶關係，根本不可能達到像她這樣的政治地位。在「純粹」女性主義信仰者的心中，希拉蕊政治生涯的飛升，不但不值得歡慶，反而是對女性主義的一大諷刺。因為希拉蕊並沒有跳出因夫而貴的傳統框架，不但沒有為年輕的女性樹立起一個自足的典範，反而更加鞏固了父權社會的權勢結構。以此觀之，希拉蕊和其他繼承父兄或丈夫舊業的女性領袖——如印度的甘地夫人、巴基斯坦的布托，緬甸的安山蘇姬——在本質上並無不同，更缺乏任何劃時代的「革命性」。而最令這群女性主義者失望的是，希拉蕊不但沒有重創自己政治藍圖的野心，反而將丈夫的政績做為自己的競選平台，甚至以如何重返丈夫執政時期的榮光為號召。因此，她們對於希拉蕊即將成為美國第一位女總統，不但毫無雀躍之情，反而遺憾地覺得此一歷史時刻已被「污染」。希拉蕊的成功，只不過再次地肯定了女性主義一心想打破的迷思，並反諷地強深了女人沒有男人相助就不可能成功的信念。

這種複雜的情緒是極易被了解的。但在追逐「純粹」的過程裡，這些女性主義者可能也不自覺地陷入了以主義唯是的僵硬牢籠。理想上，我們當然希望第一位女總統是出於自己的能力與打拼，但以這理想來責難希拉蕊，也並非公平。對於自己由第一夫人，到參議員，再到總統候選人的人生路徑，希拉蕊並沒有主控設計的能力。以生平傳記批評她，有倒果為因之嫌。同時，男性政治家經由家庭背景或裙帶關係而得權，是常有之事，比如甘迺迪家族的政治勢力，仰仗的就是家世名聲，如果我們可以接受羅勃甘迺迪，卻不能接受希拉蕊柯林頓，這不正是反性別歧視時因矯枉過正而造成的雙重標準？

愛看貓兒打架

Catfight 這個英文字，指的不是貓兒打架，而是女子間口頭的對罵或肢體的廝打。一般而言，貓兒打架，雖然不及狗兒打架那樣粗暴與血腥（dogfight 這個英文字指的是男人在爭地盤時起的爭鬥），但兩貓相爭時嘶嘶的齜牙裂嘴，與呼呼的利爪抓空，似乎更有戲劇的張力。就正如男人直接的拳腳相向，絕不比女人曲折的口角與扭打來得可觀。

然而女子間的「貓架」也並不盡然都是因爭風吃醋而起，有的是為爭風頭，也有的是因流言亂飛而起，但貓兒打架打得最暴烈時，卻通常都是為了衛護自己的男人，這裡的男人包括了情人、丈夫、或是兒子。張愛玲在散文集《流言》中有一篇叫做〈有女同車〉的文章，記錄在電車上聽到的女子談話，女人說來說去，講的不是自己的情人，就是自己的兒子。她在文末寫道：「女人一輩子講的是男人，念的是男人，怨的是男人，永遠永遠。」這句話其實也可以用來形容「貓兒打架」的內容，女人為維護自己男人的奮不顧身，絕對遠超過維護自己利益的強度。

所以，在競爭瀰漫的政治活動中，除了男性候選人之間的「狗架」之外，最為媒體所最鍾愛的，也就是配偶們為護衛自己男人而演出的「貓架」了。媒體對於這些貓兒打的架，除了迫不及待地大事報導之外，有時還忍不住地要無中生有，或在字裡行間大做文章，或挑撥出女人之間可能並不存在的敵意，期望以此引發出幾場令人驚心動魄的扯衣拉髮的貓兒打架。

傳統中，政治候選人的配偶——在希拉蕊柯林頓之前，候選人的配偶當然都是女的——是以不引人注意為目的，她們致力要做好的，就是把自己變為一枚安靜的道具，含情脈脈地站在丈夫身旁，時時刻刻用充滿崇敬的眼神望向自己偉大的丈夫。她千萬不要出聲，更絕對不能表示自己的意見。

首先打破這安靜形象的，是如今自己成為候選人的希拉蕊。她是第一位有學士以上學位的候選人夫人，不僅有著與丈夫相當的智力與學識，並且有著鮮明獨立的政治見解。更重要的是，她拒絕假做愚蠢，也拒絕做一個無聲的道具。一九九二為丈夫助選時，希拉蕊就因為發言過多，而引起不少的爭議。尼克森批評過她，他說：「候選人的妻子太強或太聰明。只會使丈夫看來像個膿包。」

然而十五年之後，我們不但有了一位女性的候選人，更有了一群和丈夫能力相當並拒絕保持沉默的候選人配偶。比如民主黨候選人愛德華茲的妻子依莉莎白，歐巴馬的妻子米雪兒，以及共和黨候選人朱利安尼的第三任妻子茱迪。前二者更和丈夫有著同等的學歷與職業，她們不但各持己見，亦毫不隱掩地涉入丈夫競選的各項決策。對這一群顛覆傳統角色的女性，社會的態度亦是兩極的，崇拜者有之，批評她們過份囂張的，亦不乏其人。

而唯恐天下不亂的媒體所最想看到的，卻是這幾位女強人之間的對立，他們希望競選的壓力，可以在這些女子之間爆破幾場貓兒打的架的鏡頭。因此，依莉莎白批評希拉蕊的講話，立即成為報紙的頭版新聞。米雪兒無意間談到如何平衡家庭與事業的講話，也被詮釋是對希拉蕊的側面攻擊。有人甚至認為，這是一種新時代的競選策略，男性總統候選人如果直接攻擊如希拉蕊這樣的女性候選人，會被看成是男欺女的非紳士行為，所以派妻子做為打手，就成了另一項政治利器。女人批評女人，不但較能被接受，而且貓兒打架，更有娛樂價值。

無怪乎，米雪兒所說：「不能把家管好，如何能把國治好」的一句話，竟被扭曲成是影射希拉蕊管不好緋聞不斷的丈夫，所以沒有資格入主白宮。而伊莉莎白認為自己的丈夫比希拉蕊更能為女性爭權益的論點，也被看成是兩個女人間的爭強比勝。其實伊莉莎白愛德華茲所言，不管聽的人同不同意，也是合理的政策議題，更重要的是，她的論點挑戰著某些積非成是的迷思，比如女性必須選擇女性、或是女性候選人必定有利於女性等。

然而就因為當事人都是女性，這類嚴肅的政策對話，卻被煽動地報導成了瑣碎的花邊新聞，而女性之間有關國事的辯論，也只被看成了是一樁貓兒打架的趣事。

媽媽自保書

我的小兒子和多數在美國長大的華裔青年一樣，小時候拼命拒上中文學校，到了大學，卻又回頭尋根，重新咬著洋腔洋調學起中文來。去年他去北京留學，臨行時面帶愧色地對我說：「真抱歉啊！小時候不好好上中文學校，現在還要妳花錢送我去學中文。」他既然這樣有禮，我也只能掛上模範母親該有的笑容，十分溫柔地對他說：「不嫌晚，只要你肯學，一點也不嫌晚。」我死勁咬住舌根，不讓滑出口的，其實是天下父母最擅長使用的那句話：「不是早就告訴你了嗎？」

別的父母可能要指責我不知感恩，有這樣謙遜兒子還不快快感謝天地，殊不知多數母親所要面對的，常是那沒好氣的指責與埋怨：「小時候我不懂事，那妳為什麼沒有強逼著我去上中文學校？」說這些凌厲話語的人，早就忘了在那鬥爭裡，強逼的結果可能會是慘烈的你死我亡。

在辛苦地拉拔子女長大之外，母親的另一天職，就是做為成年子女所有不如意與欠缺感的代罪羔羊，那些幻想自己有無限潛力卻被埋沒的人，常把矛頭方便地指向最不會有反擊意圖的母親。唉！要是自己的母親能多懂一點育兒之道，能多加一點強逼與督促，自己不早就成了人上之人？在這種怨嘆裡，這些人卻無意對自己的能力做客觀的估量，怪罪他人，到底要比面對自己的不足容易。我就曾聽過一位五音不全的人夢囈地說過：「小時候我媽如果逼我多練點琴，說不定我已經成為一位偉大的作曲家了。」

在每一位幻想自己是被埋沒的天才的痴人背後，必有一位被徹底冤枉的母親。

其實在我咬著舌根不炫耀自己全知的同時，我的兒子可能也同樣地咬著舌根，不說出母親教導無方的惡言。他之所以能有這樣的自我約束，倒不是因為他受了什麼值得吹牛的家教，而是因為他受著一張合約的牽制。

兒子叛逆達到最高峰的那年，終於下了拒上中文學校的最後通牒。在苦口婆心、曉以大意、放眼未來都不能奏效之後，我也只能聽從育兒專家的意見，本著對付青春期子女應棄小仗而擇大戰的原則，讓他輟學。然而在放行之前，為了保護自己日後不受莫須有的誹謗，硬是要求他簽下一紙合同，保證將來絕不怪罪老母。我說：「以後你可不能怪我沒有逼你學中文。」他不可置信地看著我，好像我說的是火星人的語言。

兒子急速地在合約上打了手印，還歪歪斜斜地簽了個名字。我也故做慎重地把合約存放到保險箱裡。他笑得合不攏嘴，快樂地覺得用一張合約換到了不去中文學校的自由，是多麼大的一個便宜！年幼無知的他所沒有想到的卻是，這紙合約其實剝奪了他人生裡一項十分重要的權益，也就是那其他人可以信手能拈來的「全怪媽媽」的現成藉口。

合約的內容大致可中譯如下：

在此，我放棄一切在未來埋怨或指責我的母親的權利。不去中文學校、放棄鋼琴、小提琴、古典吉他、以及「小蘋果學法文」，都是出於我自己的意願，我的母親用心良苦，竭盡所能，利誘皆施，敦敦勸導，仍無法改變我的心意。放棄這些學習的機會，是我自己的選擇，與我的母親無關，我將負起全部責任，而絕不抱怨我的母親未盡督促之責。謹此。

別的媽媽聽我說起這個合約，都恨自己沒有同樣的先見之明，有人建議我應該去申請專利，以「媽媽自保書」為名，大事向天下的母親推介。

其實，我也不必過份得意。礙於這份合約，兒子雖不好在口頭上對我興師問罪，誰能保證他在心裡不像其他人那樣，仍把一切挫折都歸罪到母親頭上？果真其然，也是無可奈何之事了。在文明的社會裡，我們只能要求文明的舉止，卻不能要求表裡完全合一的文明心念。至少在簽這紙合約的小小遊戲裡，我們對一切歸罪母親的荒謬行為，生出了些微的警策，並對它做了一番合宜的揶揄。

在我自己叛逆的年歲裡，母親每每被我氣得無言以對時，就會突轉鎮定，從容不迫地對我說：「我不生氣，我不用生氣，將來總會有人為我報仇。」

她的話如真理般應驗。一代接著一代地，我們仍然習慣性地把最逆來順受的母親，當成宣泄自己不得意的出氣筒與頂罪鬼。

色婦有疾

早對台灣媒體漸以性及暴力掛帥的取向有所見聞，但訪台期間赫然在中國時報頭版看到「色婦難戒，劈腿四男」這樣斗大的標題時，仍有說不出的驚心。一份主流報紙竟如此屈就讀者粗糙的八卦口味，恐怕也不能只用蘋果日報的壓力來做託辭了。（替中國時報辯護的人可能要急急指出兩報的不同之處，光這標題就比蘋果日報有水準，它套用的可是剛得了大獎又正在台北大賣座的李安的電影《色，戒》。多有文藝腔！）

除了招徠顧客的聳動標題之外，中國時報還另用全版篇幅對這並無太多新意的新聞做了極為煽情的報導。內容也只是一名任教職的已婚婦人，先後與四位男士發生性關係，終被丈夫發現，告上法庭。

當然，這則新聞的聳動性是完全來自當事人的性別。換成男人有四位情婦，恐怕連上報尾做花邊新聞都沒資格。也就因為是位女性（而且還是擔任教職的良家婦女），「四」就成了一個令人咋舌的數目。而且這名婦人還大小通吃，情人的年齡層從「二十幾歲的學生到五十幾歲的歐吉桑」。而最令看客心頭發癢的細節，就是這名女子竟將與情人幽會的細節一一記錄在日記之中，五年下來共有八本。她不但對自己的不倫之戀毫無羞愧之心，反似樂在其中，既做且說，表明了她在外遇中所追索的不是愛情，而是純粹的性快感。

中國時報為要彰顯自己主流媒體的地位，在極盡蘋果日報式的八卦敘述之後，亦不忘添加一點社會文化的註腳，而特請了心理醫生來共談此事。

「這位女子可能具有邊緣性格。因為渴望被愛才會屢次出軌、屢次受傷、卻仍不計代價搞外遇。」一名心理醫師做了如是的診斷，並推測這名婦女必定成長於一個缺乏關愛的家庭，以致發展出這畸形的人格！

我們對於這未經個別訪談就做下的、教科書式的診斷，當然不必過於認真。但這則報導引進心理醫生意見的事實，卻值得玩味。在論斷男子擁有眾多情婦的案例時，我們除了說他風流成性、並對過盛的情慾沒有自約力之外，從沒聽說要請心理醫生會診座談，或揣測他是不是有一個缺乏關愛的童年。換言之，男人恣情縱慾，被認為是判斷力的一時失誤，而女人恣情縱慾，就成為了可訴諸病理學的病變，值得被心理或精神的專業人士共同討論。

其實兩性關係中本就充斥著各樣的雙重標準：唐璜浪漫，潘金蓮無恥。這雙重標準一旦置於情慾的衡量上，就更有了正常與病態的分野。男人搞外遇以滿足情慾，似乎是十分「正常」的理由。女人則不然，為愛情外遇，尚可取得同情，若是如這名婦女僅以慾望為是，那就必須面對社會最終極的排擠，與心理不正常的指控了。

對女人情慾的不能正視（或說是恐懼感），是根植於社會求取穩定的強烈需要。在父權社會中，女子的貞潔與從一而終是穩定社會秩序的最重要力量。因為女子亂倫所可能造成的「父不詳」，乃是摧毀世族譜系最快速的方式。無怪乎，妻妾的不貞是男子最不願面對的惡夢，也是社會傾全力要強加扼阻的。除了以賄賂的手段到處設立「貞節牌坊」之外，傳統社會防止女人情慾氾濫的另一種機制，就是製造只有壞女人才有情慾的迷思。在這迷思的籠罩下，人們逐漸相信，男人「獸性」較強，拈花惹草是他們的本性，女人不同，也只有壞女人才會被情慾左右。社會從而依據這則女人有較高「道德感」的謊言，以做為對犯規者重罰的合理基礎。最終，這也只是貞節牌坊的另一種變奏，看似抬高女人，實是強行否定女性的真我。

其實，在婚姻規範與私己情慾的掙扎中，男女所面對的是同樣高難度的挑戰。在傳統社會中，女子出軌的數字比男子低的原因，並不是因為女子沒有情慾的需求，而是因為那種需求的實現必然會帶來慘烈的後果。在開放的社會中，女子情慾氾濫成災的事件，勢將層出不窮，與其盲目且方便地將之斥為變態，不如修正我們對男女自持力的雙重標準，對於那些不能將自己的情慾牢鎖在婚姻制約範圍裡的男女，我們若要施以道德批判，也應正視女子情慾存在的現實，而對犯規者採取不論性別的、較為公允的標準。

互異中的和諧

在美國，孩子上的學校完全取決於父母居住的所在。好學區的房地產於是貴得驚人，也因房地產貴，稅收高，學校也越來越好，壞學區則面對著完全相反的命運。這樣的惡性循環，不但清楚地劃分了富有人家與貧窮人家的子女，更在不同種族之間，劃上了一條不可寸移的界限。

孩子上小學時，我們所住的地區，多為中產階級人家，但卻有著相當數量的非裔人口，學校不是那麼「黑白分明」，反是黑多白少。我們一向相信公立教育的最大好處是它的多元性，也相信這個學區的人口組成，可為孩子們提供一個學習如何與異族相處的自然環境，所以沒有像其他中國朋友那樣，遷居到白人占絕大多數的地區。

學校人口的特異組成，果然在只上過白人幼校的孩子心目中，製造了極強的印象。第一天放學回家，他們就大驚小怪地說：「我們班上都是褐色皮膚的小孩。像我們這種皮膚的，」他們指了指自己的手背：「只有五、六個。」我聽了覺得好笑，他們竟然還自以為是白皮膚呢！不過倒也安心，他們只在描述那些孩子的皮膚顏色，而沒有任何其他「種族性」的立論與意見。至少在面對少數族裔的孩子時，他們並沒有既定的成見。

不幸的是，不少中國朋友在對待黑人的態度上，卻可被歸化為徹底的種族主義者。我時常從剛下飛機的新留學生口中，聽到一長串反黑人的論調。這是根深蒂固的成見，因為在還沒有見過任何一位黑人之前就有的偏見，當然不是建立在實際經驗上的。這種論調很引起我的反感，尤其是出自一些受過高等教育的知識份子口中，更是叫人失望。我們後來的對策，是在未等這種人開口之前，就先掛起像「請勿吸煙」的標示一樣，表明任何種族歧視的理論，請不要帶到我家，更不要在我的孩子面前發表。

那時我對面的鄰居是猶太人。小孩自小玩在一起，又因為女主人茱莉是建築師，幫我們設計了幾項改建裝修的工程，兩家十分親密。他們五歲的女兒漢娜，有一陣子突然興起了一股反黑人的情緒。有一次，他們全家在游泳池邊戲耍，漢娜的球跑了，被一位黑人小孩撿到，她竟然當眾大聲說：「妳是黑人，不准妳碰我的球。」那小女孩的一家也在場，大人們都十分尷尬。類似的情形又發生過好多次。茱莉自忖絕無種族歧視的嫌疑，卻不知女兒從那裡拾得這樣的觀念。而她更不知該如何教導女兒，以匡正她的錯誤。她不敢太責難漢娜，深恐孩子會因受罰而生出更深的反黑情緒。

我對這事卻有不同的看法，如果處於茱莉的立場，我大概會立刻責罰漢娜。責罰她的理由無他，只因她說了粗話。種族歧視的語言就是粗話，不該見容於一個開明的家庭與開明的社會。不論漢娜的反黑心理如何形成，她首先應該學習的是，歧視的語言是絕對不被容許的。

我相信嘴上不說，是消除偏見的第一步。美國白人中，也有不少的種族主義者，但他們卻接受社會的某種「制約」，而在言語與行為上檢點收斂。然而在中國社區裡，有些高級知識份子仍常當眾說出：「我們中國人其實都是看不起黑人的。」好像自己這樣的大言不慚，才是「不虛偽」的言行一致，一有機會，他們也會笑那些心中有恨卻不敢說出口的美國人的偽善。但是，所謂「文明」與「修養」，不就顯現在一個人能如何控制自己的行為與語言？雖然徹底消除偏見才是至高的理想，但在達到那個理想之前，能遵循某些「勿言勿行」的規範，仍是一種進步。而那「勿言勿行」的默契，也是消除成見的唯一可能與唯一起點。

我也經常被批評為偽善，中國朋友說：「我就不相信妳心底真正的不嫌棄黑人，有一天妳的兒子如果要娶黑人做媳婦，妳會高興嗎？」這是一個極端不公平的問題，反對種族歧視是理性上的決策與判斷，結交朋友與兒子的婚姻，卻是情感上的涉入，兩者不能牽扯在一起談。以我朋友的心態，就算我說我並不在意有黑人媳婦，他們也不可能會相信的。

其實，我的大兒子在初中時，的確有過一位黑人「女朋友」，他時常向我說起她，艾比長艾比短，卻從來未提及她的種族。我到很久之後才知道艾比原來是一名黑妞。但那時我只感到欣慰，因為我的兒子從來不覺得她的種族值得一提，也不覺得我這個做母親的，會因此而大驚小怪。後來又有幾次類似的情況，孩子從來不覺得有提及朋友種族的必要。他們這種泰然的態度，使我生出一種樂觀的心情，也許這些歧視問題，終能在年輕一輩的手中徹底解決。

我不希望我的孩子患上許多中國人都有的「恐黑症」，偏執地以為黑人都是充滿暴力的罪犯。我也不希望我的孩子像許多六十年代時參與民權運動的白人子弟，「唯黑是美」地將黑人的文化做出不合實際的美化。我只希望他們對人的批判永遠是基於「個人」的優劣，而不是基於依人種所化約出的標籤。其實，過份地稱讚黑人，與過份地歧視黑人，都同樣是以種族主義為出發點的偏見。

當年有一位中國朋友很不贊成我把孩子送去那所小學。她的孩子曾在這所學校唸過一個學期，她說：「不得了！一個學期下來，他講話和動作完全是黑人的樣子。」言下之意，她的孩子已經「變壞」了。她搬離了這個學區，轉到鄰近房價昂貴且幾乎沒有黑人的學區。這是個人的抉擇，不需置評。但我當時很想反問她：「為什麼妳的孩子講話和動作全是白人的樣子，妳就不覺得是個問題呢？」話沒出口，因為她也只是為了孩子的利益著想。在白人統領的社會裡，說話與動作像黑人，的確是社會地位低下的象徵，對孩子的未來有著負面的影響。我的大兒子從小「聞樂起舞」，很有舞蹈細胞。他扭動起來，真像街頭黑人跳舞的樣子。那位不太同意我選擇學校方式的朋友若是看見了，必會一口咬定他是上這個學校而「學壞」了。

由於是學校中唯一的中國家庭，我們的孩子在學校裡也引起了不少的注意力。起初的幾天，他們帶回家來的，盡是一些來自同學的「樣板式」的語言：「你們不是住在中國嗎？怎麼會說英文？」，「我不敢靠近你，因為你會用武術打死我。」等等。在我的孩子指著他們的手背與白人認同之後，這大概是第一次受到「自己其實是不同」的打擊。老二有一天憤憤地對我說：「我不要這幅中國臉，也不要做中國人。」我說：「太遲了，你已經生在這個家裡面了。長什麼樣的臉也不是我們可以選擇的事。」我認可他的憤怒，因為在這個社會中做為少數民族，的確不是一件容易的事。

這些「焦慮」也在入學後的一兩個期後就逐漸消失。我去學校接他們時，對我這個中國女人指指點點的孩子，越來越少。放學時，看到我的孩子與黑人或白人的孩子勾肩搭背，完全沒有膚色的芥蒂時，我真希望畫面能停在那個鏡頭上，但我也知道那只是一副理想卻邈不可及的靜物畫，會像童年一樣消失在漸漸長大的時光裡。未來有太多的挑戰，等著離析他們這沒有種族界線的友誼。但我只能相信，這童年的經驗，在面對那些挑戰時，能給予他們某種支持的力量。

早謝的蘭花

她家女孩的名字全都有個「蘭」字，她是么女，取名「美蘭」。但是，她卻總叫我想起菊花，不僅是因為她略嫌寬胖的身材與震耳的大笑聲，令人難有空谷幽蘭的聯想，也不止是因為她綻笑如滿月的臉孔像一朵盛開的菊花，更是因為她的可親與隨和，如一片金燦的野菊花，叫人頓覺溫暖。

美蘭、四珍和我這三個高個子，高中分班時竟被分在一處。全班五十一名學生，八個人坐一排，正好把我們三個人遺落在教室最後面的三張桌椅上。四珍是家中的第四個女兒——第四顆珍珠。她們兩個人的共同點實在不少，自然要好起來，而我這「第三者」多少有點平衡作用，也就同進同出成為好朋友。

四珍與美蘭兩人都有一流的嗓子，愛唱流行歌曲、藝術歌曲，還有京劇。她們各有一個在京劇界十分出名的姊姊，卻都同時抱怨父母送錯人了，該去劇校的應是她們自己。她們常在午飯休息時間大展歌喉，合唱的「蘇三起解」總引來大批別班的同學，擠在我們教室門口張望。有了觀眾，她們越唱越猛，早就蓋過了擴音器中播放出的「北一女之聲」。我至今仍可清晰憶起她們最愛合唱的「問鶯燕」：「楊柳絲絲綠，桃花點點紅」。那甜美的合音，常使坐在第三個位子上的我泫然欲泣。

美蘭除了「歌名遠播」之外，她的笑聲也很出名。她笑起來一無保留，除了聲音大得驚人外，還要加上許多猛烈的動作以增效果：先帶著椅子前俯後仰，繼而手拍大腿敲出節拍。我後來讀到史記裡的「搏髀為節」，就想到她。別班同學報告，她的笑聲總能穿牆走壁，適時地傳到她們的課室裡。一次一位國文老師正在罵人訓話時，美蘭那獨特笑聲突然傳入。那位老師再怎麼努力，也拉不下臉去撲滅此起彼落泡冒出的「共振」笑聲。我們常打趣地把她的笑與孟姜女的哭相比，兩者都可摧毀城池。我生平寫的第一篇小說就有美蘭的影子，小說的題目取為「傾城傾國」，靈感就來自她和褒姒異曲同工的「傾城傾國」之笑。

高二分班時，我們三個人同時選擇了文組。更驚人的是，兩班合併後，我們又多了三名身高不相上下的伙伴。六個人並肩而行，成了一座引人側目的「人牆」。人高勢大之外，我們又特別吵雜，常聽老師大叫：「後面那幾個高個子，安靜一點好不好？」警告歸警告，卻也沒有老師敢將我們集體罰站，因為一堵巍巍杵在教室後面的「人牆」，勢必對他們造成極大的威脅。

我們雖然吵鬧，卻在各種體育競賽中為班上贏得不少錦標。至今我仍保存著一大串相撞起來叮叮做響的金銀銅牌，可向兒子炫耀。那些獎牌多數是我們幾人跑接力賽贏來的。大家忙著聯考的高三，我們還拼死命地打破了好幾項校運的接力賽紀錄。

我們中間，只有美蘭體育不行。與她排名第一的學業成績相比，體育可能是她最差的學科。體育雖然不行，她的體育服裝卻是我們班上的一大風景。那條上體育課要穿的燈籠褲，早已千瘡百孔，一向不修邊幅的她卻懶得修補。那裡破了，就別上一枚髮夾。久之，那條鬆垮的燈籠褲，墜上了無數的髮夾。體育課跑步的途中，她必須時跑時撿，與那些不肯合作的髮夾做爭鬥戰。

她修剪頭髮也和修補燈籠褲一樣即興。所以她那耳上一公分的頭髮，總有清楚的累累刀痕。最受她崇拜的，是不愛洗澡的竹林七賢。

美蘭少提家裡的事，我是從別人的閒話中得知她顯赫的家世。她邋遢的外表，實在令人難以相信她官宦世家的背景，更難相信她的親阿姨，就是風靡一時的影星葉楓。

美蘭的學業成績，總是全班第一。她的英文特別出色，難得有不考一百分的時候。她是我們英文老師的至寶。然而黃老師對她的殷切期許，雖是激勵的力量，但誰也不會想到，那份過於熱切的期望，卻將負面地改變她的一生。

高三上學期結束的時候，她因一分之差沒拿到第一名，對自己的自信心竟不成比例的從此下墜。她開始出現一些近乎神經質的行為。在幾次因為小考成績不理想而受到黃老師責備之後，她的精神狀況就日益惡化了。其實她的成績也總在八、九十分的範圍，但是對黃老師而言，她卻只能考一百分。至今，我仍清楚地記得黃老師緊蹙眉頭對她叫嘯的情形。黃老師的譴責，像一把巨大的錘子，一錘一錘地將她越擊越低，最終讓她相信自己是個徹底的失敗者。

距離聯考只有兩個月的時候，美蘭突然決定休學，不打算參加聯考。她荒謬地相信，自己若是參考，必會一敗塗地。我們幾人費盡口舌，也勸她不動。

為了不讓她越陷越深，在最後衝刺的兩個月中，我們仍在每個星期六的下午，結夥去她家中，清理她堆積如山的房間，並陪她聊天說話。在這多次的造訪中，我從來沒有見過她有名的父母親，倒是和家中來去的副官、司機混熟起來。

聯考放榜後，我和四珍、中林、及秋瑛考入了同一所大學，她們都在商學系。聯考後的那一個暑假我們時常混在一起。在夜大聯招報名截止的前夕，我們終於勸動了美蘭以同等學歷報考。以她的實力，自然一舉就進了第一志願。她那已近崩潰的自信心，終於有了一點轉機。開學前，我半開玩笑地警告她：「別忘了妳還沒拿到高中文憑呢！妳非得把這個大學唸完不可，否則妳就只有初中畢業的資歷了。」

大一時，她白天無事，就常來我的系上旁聽，立刻又成了我們英文老師的得意學生。不久，她戀愛了，戀愛使她變得美麗起來。在我的記憶中，那是她最快樂、最容光煥發的一段日子。我心中為她高興，想著以往的陰霾都成過去。

幾個月後，她在感情上卻遭到了挫折，她又再度掉入另一個極大的危機之中。在最低潮的時候，我都不太清楚她是不是能走得出來。她甚至對我說過：「我這個人大概永遠都沒有辦法好好地去完成任何一件事。也許只有死亡能讓我有一點完成的感覺。」

大二那年，她找了一份工作，白天上班，晚上上課。忙碌反而幫她克服了那分情感受挫的疼痛。我們卻也因作息時間各異，而日益疏遠。

大四上學期，我突然收到了她的結婚請帖，新郎是個陌生的名字。後來才知道那是一樁家長「安排」的婚姻，她嫁的是位「留美學人」，且決定婚後立即赴美。她最終還是沒有把大學唸完。（多年後我才漸知，她匆促決定結婚時，正經歷著另一次感情的挫敗，她不智地以為那樣的安排，可助她迅速恢復。）

從此，我們真正地失去了聯繫。我忙著畢業、做事、出國，和她已婚的生活，大概再也掛搭不上了。

八十年代初期，我在加州哥哥家中渡假時，卻意外地接到了她的電話。原來，她在旅美多年後回台省親，決心去找老同學，竟到我以前住的社區附近挨家挨戶地詢問，終於找到了我父母住的公寓。我母親後來告訴我，開門時只見美蘭氣喘吁吁，滿臉是汗，連話都講不出來。

好朋友說起話來，幾年的時空好似可以一筆勾銷。之後的一兩年中，我們持續地有著聯絡。

後來我自己生活中出現一些逆境，竟與全世界宣戰，怎麼也不肯和任何人連絡。那年我住在加州的柏克萊，與她居住的聖利安卓只有十分鐘的車程，我卻次次過門不入，電話也不打。人在沮喪的時候真是可以六親不認。然而我每行經她住的小鎮，仍有一股深切的想念，伴和著自己那時的愁鬱，牽動的是混合著懷舊與鄉愁的愴然。

結婚、生子、生活漸漸穩定下來之後，我又恢復了和她的聯絡。她也有了一個兒子，和我的老二年齡相近，生日只差五天。以後的對話就多數是媽媽經了。我很高興看她變得婆婆媽媽，孩子至少是一股穩定的力量。

闊別十三年之後，我們終於在聖誕節相約見面。她改變了很多，那張菊花的素面，除了多出濃重的化粧品外，也添了不少嚴峻的線條。拔去再重新畫上的眉毛，完全破壞了她臉上本有的敦厚氣質。我們之間的對話全在孩子的吵鬧聲中完成。她突然問起黃老師，我說從來沒和他聯絡過。她接著說：「那時候真奇怪，怎麼會讓一個人那樣地影響自己。」她又說到自己多年來如何幻想再和黃老師見面，她會表現出一點也不在乎的樣子。然而從她說這些話的口氣中，我敏感地覺得，她竟還沒有真正掙脫黃老師在她生命中所投下的陰影。

那一次的重逢，完全沒有故事書的完美，卻有個「反高潮」的結局。事後我只覺得感傷，生命中的許多事情——包括友情——都不能恆常。在這十三年中，我們已各自活出了不同式樣的生命，除了對彼此的關愛之外，已不再有什麼共有共享的懷抱。她必然也感受到了同樣的失落與遺憾，故也一直沒再與我聯絡。

次年十一月，我接到一封四珍由紐約州寄來的短信：「美蘭已於上個月去世，我知道消息已有一個星期，沒有立刻告訴妳，是因為自己心情一直不能平靜。希望妳不要太難過……。」

除了立即的震驚之外，還有太多其他的情緒籠罩著我。和失去近親好友的人一樣，我切身的感到死生之隔的絕對。我打了幾個小時的電話才找到了四珍，問出了美蘭的死因：她在住家附近的公園裡自縊身亡。

我那篇名為「傾城傾國」的小說，是以美蘭拒絕聯考的事件做為主線，而我卻為主角安排了一個跳樓自殺的結局。那樣的安排，也並非完全出於偶然。我似乎早已隱約地感覺到美蘭性格中強烈的自我毀滅的傾向。我一直不敢把那篇小說給她看，怕給她任何不必要的暗示。那天找到四珍問明事情真相之前，我其實已猜到美蘭是自己結束了自己的生命。

在美蘭去世後的三年中，我時時被困惑與罪疚的心情包籠。一再自問，如果在最後一年一直與她保持連繫，事情是不是有被挽回的可能。各種假設以及假設的結果都是妄然，只令人覺得疲憊。

美蘭的先生後來寄來一張她墓地的照片。白裡泛青的墓碑上用英文寫著：「米雪兒李：妻子與母親」。我想起她曾說過：「也許只有死亡能讓我有一點完成的感覺。」在墓地外那片寂寞的草地上，我幾乎可以想像一朵蘭花的靜靜升起。然而，我是多麼心切地想念著一片菊花，在金燦花影的搖曳中，我還能聽到那嘹亮的二重唱聲，響徹了至善樓老舊的長廊：「輕聲問鶯燕，無限春光容易老，故人何不重相逢……。」專注一往的年少聲音裡，完全沒有後來將要發生的故事。

成長的聲音

我還在工作的那幾年，家裡請了一位剛由大陸來美的毛太太，幫著我們照顧兩位幼兒。我們相處融洽，卻在對待孩子方面，常有不同的看法。其中最引起爭執的，就是每次出門，我們必定堅持要與孩子面對面的道別。孩子那時還小，自然每次總引來一場哭鬧。最終弄到拉拉扯扯，難分難捨。毛太太對這事十分不以為然。她認為我們是自找麻煩，為何不趁孩子不注意時，偷偷溜掉就算了。由於我們對這原則特別堅持，她也只有每次在一旁搖頭咕噥。相處近一年，在這事上，我們仍不能改變毛太太的看法。其實，就是我自己的母親，恐怕也會站在毛太太那邊的。我們小時候，父母離開，也沒有要鄭重其事地和我們道別啊！

我對這件事的堅持，完全來自在美國所受的「再教育」。老大上育兒院時，家長手冊上的第一注意事項，就是絕對不能背著孩子偷偷溜走。與幼兒道別，雖會引起不愉快的拉扯場面，但這些「短痛」，卻能長期地建立孩子對父母的信任。不告而別雖然省去了哭鬧的場面，求得暫時的安寧，卻可能使孩子失去安全感，而覺得父母隨時可能棄他於不顧。

「鄭重告別」與「偷偷溜走」，雖然只是處理一個情況的兩種手段，而其背後則反映了兩種文化對待孩子的不同態度。前者暗示對一個幼兒的敬重；把兩三歲的孩子，鄭重其事地當做一個完整的人來看。後者則暗示對待幼童可以異於對待成人（在講究禮數的中國社會，「不告而別」不是十分魯莽的嗎？），亦即否認了孩子可能有著獨立的情感與知覺。

這個「小孩子懂什麼」的假設，使得我們長大的社會中，對待孩子幾乎可以完全不循禮數，不講求禮貌，更不必小心翼翼地怕傷孩子的感情。因而，我們做孩子時，各種近乎殘酷，但其實並不好笑的笑話，經常在我們面前講述。我們之中，有幾個人逃過了「你是在垃圾桶裡撿來的」，或是「你是醫院裡抱錯的」，這幾個「經典」笑話？如果回憶得起，我們之中又有多少人，在那半知半懂的歲月中，信以為真而黯然神傷？我從來不能了解這些笑話在中國社會普遍流行的原因。除了有人認為是父母逃避「性教育」而對「嬰兒何處來」的搪塞說辭外，看到孩子信以為真時的恐懼表情，除非有近乎變態的虐待心理，怎可能有任何幽默與趣味？

我在家排行老三，上有一兄一姊。每年夏天吃西瓜時，我的母親總要半開玩笑地說：「妳看，只有四個人多好分啊？多了妳，五分就難分了。」大家笑著，我也跟著傻笑。心中卻覺得她說的多對！我的確是多出來的一個。三四歲的孩子，我卻已有了那分對自己存在感到的歉意。加上我的哥哥，姊姊，一向功課好，風頭健，我總活不出他們的陰影。母親的笑話在我腦中轉了多年，自己更為那個笑話找了不少好的理由，證明為真。也就覺得自己的生命，其實可有可無，而大概也真是多餘的。既是多餘，我又怎敢期盼父母的愛？

那年，當我在事業感情各方面都處最低潮時，竟然把多年來積壓在心中的委屈與抱怨，一股腦地化為一封封的家信。其中充滿了憤怒與指責，好像我一生的不如意，完全源自父母在我幼年時，無心開的幾個玩笑。父母對那些迎面痛擊的怨言，卻保持了沉默。後來回台省親，在書房的抽屜中，讀到了那一系列的家書。真是叫人觸目驚心啊！不禁汗顏，自己怎會對父母生出那樣大的怒氣，也對自己當年的幼稚與不公平，生出了極深的慚愧。我怎能期望父母，在當年經濟拮据，溫飽才剛能顧及的艱難歲月中，做為一個中西兒童心理學兼通的教育專家？他們對待兒女的方式，其實是來自一個更大更普遍的「種族記憶」之中。生於斯長於斯的他們，對於一代傳一代的價值觀，又怎可能提出任何質疑？

根據父母描述，我幼時經歷過幾次危險，卻都從死亡線邊給拉了回來。兩歲時，在地上撿了生鏽的紗窗吃，弄到了急性腸炎。醫生都已宣佈無望，我的父母卻仍堅持，數度半夜去敲醫生的門，一定要看著我痊癒才罷休。四歲那年，我和哥哥在家無聊，竟突發奇想，兩個人各找了兩粒扣子，掛在鼻孔上，看誰能吸住扣子，不讓落地。求勝心切之下，我大概用了大力，竟把扣子吸進了鼻子裡。哥哥去叫大人，鄰居的媽媽都聞聲而來。一群人啦啦隊似的在一旁叫著：「擤！擤！擤出來！」我一慌之下，早已忘卻本就不太熟練的擤鼻子的功夫，竟死命的向裡吸，兩粒扣子則越陷越深。母親當下把我背在背上，衝著醫院就跑。當時最近的醫院，在數英哩外的小鎮上，一天只有四五班公車，走起來大概要半小時吧！母親竟然一步不停地跑到了醫院，醫生用鑷子把扣子挾了出來。鄰居通知了爸爸，他也從辦公室趕來，一頭的汗。我心下害怕，想著大概少不了一頓打了。父母竟然格外沉默，除了幾聲嘆息，就沒再提起那事。兩歲時的腸炎，我一點也不記得。而對於四歲時的「扣子事件」，我所能記得的，也只是逃過了一場責打。

那年回台，母親陪我重回兒時故居。走在那條通往小鎮的路上，我突然在心中看到三十年前母親背著我狂奔在這路上的情景。她的臉上寫著驚惶，每一步都踩著她可能失去愛女的恐懼。我抱著十四個月大的兒子，眼前忽地一片模糊，心中閃痛著深深的自責。我怎可能懷疑一直都在那兒的母愛？就由於童年時幾個大人認為無傷的笑話，我竟需等待三十年，走過了半個地球，為人母親，才在這童年的舊路上，深信不疑地找到了母親那沉默卻一往的深情。

也許出於補償作用，我絕不輕易開可能傷孩子感情的玩笑。而對他們的愛，也不肯只藏在心裡。父母來訪時，對我們這樣的親親吻吻，愛來愛去，很是看不慣。他們認為我們是學了美國人的肉麻。中國人除了認為小孩什麼也不懂，不必對他們有太多表情外，也覺得小孩子受太多愛或稱讚要折福。愛或稱讚的話，只能放在心裡。久之，我們卻已失去了表達感情的辭彙。人與人之間，似乎只有負面或玩笑的話可被接受。正面的，卻都是肉麻了。

我自以為從那樣的文化中成長，到如今稍能表達自己正面的感情，是一項可以自豪的進步。直到一位美國朋友冷言道：「妳是假設西方外放的這一套，強過東方內斂的那一套。」講得我啞口無言。掛在嘴邊的愛，真比「盡在不言中」的愛要強嗎？腦中閃過的，自然是那些成天不經思索就把「我愛你」掛在嘴上的美國人。那樣的愛是真誠的嗎？但是，父母對我無私與深沉的愛，藏在沉默與那些近乎殘酷的笑話後面，又如何讓年幼的我體認呢？不輕言的愛才更真誠嗎？由於愛不輕言，母親不顧一切送我就醫的事，使我要到三十年後，才能咀嚼出其中的深意，也因此才能走出三十年來的疑惑與自輕。在不能肯定父母的愛之前，一個人又如何能肯定自己的生命呢？

如何對待孩子，本來就是一種藝術，沒有一定的規則，我們這些在中國社會長大，卻需要在美國教養子女的父母們，更需面對因兩種文化不同而呈現的難題與抉擇。中國社會那一套，已在我們意識中根深蒂固。美國這一套，算是新知。在擁抱新知之際，我們不常也有一份掙扎？看看自己，好像覺得父母那一套，也教出了個還算正常的人。而這新的一套，又會有更好的成果嗎？兒時的經驗，除非特別慘痛，多數不致留下太多痕跡，只有著較為幽微的影響。

以我自己為例，直到今日，我行事的基本動機，仍在如何取悅父母。即使在感情上，亦有著極端的競爭心理：事事要比哥姊多做一些，以好扳回一城，爭辯著自己不是多餘的一個。在這一味討好的競爭中，我必然無法真正享受天倫之愛，更失去了坦然接受父母無條件之愛的稟賦。兒時的經驗，使我錯誤地深信，愛永遠要用自己的成就去贏得，一直要到自己做了父母，才能相信，父母愛的是子女，而不是他們的成就。

有一本詩集題名為《花開的聲音》。這個題目的震憾力，來自我們原都以為花開沒有聲音。但想想花開這燦爛與戲劇性的現象，又不該無聲。小時候中廣公司的「快樂兒童」節目裡，白銀阿姨曾教唱〈小黃花〉：「小黃花啊！小黃花，沒有爸也沒有媽，自己會長大。」許多人以為成長就像那朵小黃花，是自然而無聲無息地發生。其實成長和花開都有聲音，只看栽花的人願不願意用心去聽罷了。

那一種忠誠

我們住在香港的那年，因為廣東話不行，只好常常用英文充數。好幾次，在我轉身的同時，竟以我有限的粵語聽力，聽來了這樣的咒罵：「長得一副中國臉，卻不會說中國話！」起初幾次，我只覺得好笑，心中一點也不虧欠地覺得自己其實比他們還會說中國話。然而類似的情形一再發生之後，我就有著憤怒的感覺了。我氣他們民族主義中的專斷，也氣他們自以為是的狹隘。當然，在怒氣的背後，我所悲涼地想起的，是我那兩個長著中國臉卻真正不怎麼會說中國話的孩子，以及他們在這狹隘的民族主義之下所可能遭受的待遇。連帶地，我也想起了中國社會一貫對個人所強求的無條件的「忠誠」。不管個別的環境為何，只要生為中國人，在沒有任何選擇之前，就已被強壓下了種種的負擔。

我當然希望我的孩子能說流利的中文，甚至希望他們能對中國文化有份歸屬的感覺。但我所希望的那份歸屬感，除了側面影響之外，卻必定要來自他們自己的抉擇。任何人都無法只因他們長得是中國人的樣子，就強迫他們要忠於中國的文化。政治與文化上的忠誠都是極端個人的事，不是像穿制服一樣可被規定。

中國人對於「生為中國人」有一套不能寸移的盡忠「中國文化」的要求。然而在定義「中國文化」時，一般人所能列舉的，也只是一些極盡淺顯的範例，如講中文、吃中餐、遵從長輩等。在「中國文化」的大旗下，任何違反這些範例的行為，都要被套上「不忠」與「背叛」的大帽子。

然而，什麼才是「像個中國人」呢？崇拜中國文化經年的英美人士，初次降落在車水馬龍的台北、香港或是上海時，是不是也要手足無措？他們想像中的中國人，在中國現代的大都會裡簡直無處可尋。他們所想像的中國人，只存在於那些煽情的「神祕東方」一類的傳說之中。當洋鬼子指責大嚼漢堡隨著搖滾樂打擺的台北人不是中國人時，那人會憤怒地大叫：「你們有什麼資格教我怎麼樣做個中國人？」

西方人也許沒有資格教中國人怎麼樣做個中國人。他們對東方古國的幻滅，只是他們自己的問題。但是，中國人就有資格教別的中國人如何做個中國人嗎？那些強求長著中國臉人就一定要講中國話的中國人，其實和那些強求中國人附和他們夢幻的西方人，是同樣地傲慢無知。

野史記載第一位到英國留學的中國學生，就飽受了外國人「強迫」他如何做一個中國人的折磨：他被強迫非用筷子進食，甚至屢次被敬以鴉片。在粗淺且固執的誤解下，英國人自以為是地認為中國人本該如此。

兩三個世紀後的今天，這種根植於誤解的自大仍在演出，只不過換了比較緩和的調子。有多少洋人在娶了中國太太、或是嫁了中國老公之後，就堅持自己的配偶停止使用洋名？在他們的執念中，那是十分「不中國」的，即便是，他們的配偶可能和他們一樣是生於斯、長於斯，一輩子都在用洋名的道地洋人。誰叫他們長了一副中國臉呢？只要長了一副中國臉，中外人士都將一致公認他們只能講中文，有中國名字，用筷子……。

西方人勤力推行他們夢幻裡的中國，那是因為他們對已不存在的中國古文化有份緬想。在他們空虛的現代生活中，「中國」常成了他們追求精神文明的象徵。也因此，中國人被派定了要為他們保存那分現代文明早已失去的精緻與溫和，和他們一樣現代的中國人，就要被貶責為「不像中國人」的次類。

相對之下，中國人勤力堅持「中國方式」的動機，卻摻雜了許多自卑的心理。天天將「我們中國人如何如何」掛在嘴上的人，反而是對自己的文化最沒有自信的人。也只有對自己文化沒有自信的人，才覺得有必要去攻擊那些不履行「文化義務」的異已分子。這種「義和團」式的心理，和西方人對中國人不切實際的期望，並沒有太大的不同。

我兒子的好友卡利夫，長得一副中國臉孔，卻有個道地的印度姓氏，與一位百分之百英國血統的母親。他的曾祖父與祖父都娶了中國女子為妻。所以推算起來，他的父親已有四分之三的中國血統，他自己也有八分之三的中國血統。他的忠誠該歸屬何處呢？他的中國長相？他的印度姓氏？還是最強的英國血緣？

我們的親戚強華雖是百分之百的中國血統，而且出生在台灣，卻因隨父親外交官工作的外派而在非洲長大，在美國受教育。她的法文和英文都比中文流利。住在香港十年，她的廣東話依然疙疙巴巴。最主要，她從未對中國文化產生過親和的感覺，反與歐陸文化與生活方式相親。像她這樣長了一副中國臉，卻有著不尋常成長過程的中國人，是否該被扣上「不忠」與「背叛」的帽子？

在這日趨複雜與多元的世界中，個人在文化上的忠誠早已超越了「忠孝節義」那黑白分明的簡單定義，不僅毫無絕對的準則，更超出了「立法」與「執法」的範圍。現代人，尤其是現代的中國人，也許竭盡一生，仍不能清楚地界定自己在文化上的歸屬與忠誠，別人又有什麼權利替他決定呢？

在卜若馬（Ian Buruma）《神址的塵埃》（*God's Dust*）的序言讀到這樣一段話：

> 至今我仍不能為自己的歸屬問題找到一個明確的答案，所以我也不能譴責那些尚未尋獲他們答案的人們。最該受譴責的，其實是那些硬把自己的答案加在別人頭上的人。

國家圖書館出版品預行編目

當王子愛上女巫 / 蘇友貞作. -- 一版. -- 臺北市：
秀威資訊科技, 2008.08
面； 公分. . -- （語言文學類；PG0191）

BOD版
ISBN 978-986-221-043-7（平裝）

1.言論集

078 97012092

BOD Books on Demand 語言文學類 PG0191

當王子愛上女巫

作　　者 / 蘇友貞
發 行 人 / 宋政坤
執行編輯 / 林世玲
圖文排版 / 郭雅雯
封面設計 / 蔣緒慧
數位轉譯 / 徐真玉　沈裕閔
圖書銷售 / 林怡君
法律顧問 / 毛國樑　律師
出版印製 / 秀威資訊科技股份有限公司
台北市內湖區瑞光路583巷25號1樓
電話：02-2657-9211　傳真：02-2657-9106
E-mail：service@showwe.com.tw
經 銷 商 / 紅螞蟻圖書有限公司
台北市內湖區舊宗路二段121巷28、32號4樓
電話：02-2795-3656　傳真：02-2795-4100
http://www.e-redant.com

2008 年 8 月　BOD 一版
定價：290 元

讀　者　回　函　卡

感謝您購買本書，為提升服務品質，煩請填寫以下問卷，收到您的寶貴意見後，我們會仔細收藏記錄並回贈紀念品，謝謝！

1.您購買的書名：____________________

2.您從何得知本書的消息？

☐網路書店　☐部落格　☐資料庫搜尋　☐書訊　☐電子報　☐書店

☐平面媒體　☐ 朋友推薦　☐網站推薦　☐其他__________

3.您對本書的評價：(請填代號　1.非常滿意 2.滿意 3.尚可 4.再改進)

封面設計____　版面編排____　內容____　文/譯筆____　價格____

4.讀完書後您覺得：

☐很有收獲　☐有收獲　☐收獲不多　☐沒收獲

5.您會推薦本書給朋友嗎？

☐會　☐不會，為什麼？____________________

6.其他寶貴的意見：____________________

____

____

____

讀者基本資料

姓名：____________________　年齡：______　性別：☐女 ☐男

聯絡電話：________________　E-mail：____________________

地址：____

學歷：☐高中(含)以下　☐高中　☐專科學校　☐大學

☐研究所(含)以上 ☐其他______________

職業：☐製造業 ☐金融業 ☐資訊業 ☐軍警 ☐傳播業 ☐自由業

☐服務業 ☐公務員 ☐教職　☐學生 ☐其他__________

請貼
郵票

To：114

台北市內湖區瑞光路 583 巷 25 號 1 樓

秀威資訊科技股份有限公司　　　收

寄件人姓名：

寄件人地址：□□□

(請沿線對摺寄回,謝謝!)